UNERWARTET

UNERWARTET

NICHT GEGEN DEN KREBS, SONDERN SONDERN FÜR EIN GLÜCKLICHES LEBEN

Una Gonschorr

Autobiografie

Una Gonschorr

UNERWARTET

Lektorat: Brigitta Ritter
Umschlagfoto und Fotos im Buch: Una Gonschorr
Umschlaggestaltung und Satz: Una Gonschorr
Gesetzt in der Candara
Verlag: BoD · Books on Demand GmbH, In de Tarpen 42, 22848 Norderstedt, bod@bod.de
Druck: Libri Plureos GmbH, Friedensallee 273, 22763 Hamburg

2. Auflage März 2025
Alle Rechte vorbehalten

© 2025 Una Gonschorr
www.una-gonschorr.de
ISBN: 978-3-7693-7796-5

Alle Farbfotografien des Buches sind ebenfalls hier zu finden: www.una-gonschorr.de

Bibliografische Information der Deutschen Nationalbibliothek: Die Deutsche Nationalbibliothek verzeichnet diese Publikation in der Deutschen Nationalbibliografie; detaillierte bibliografische Daten sind im Internet über dnb.dnb.de abrufbar.

Hinweise:
Die Inhalte in diesem Buch wurden von der Autorin selbst erfahren und recherchiert, sie dienen der Inspiration. In keiner Weise ersetzen sie eine ärztliche Konsultation oder Diagnose. Eine Erfolgsgarantie sowie eine Haftung für eventuelle Nachteile und Schäden, die aus den im Buch gegebenen Hinweisen resultieren, können seitens der Autorin und des Verlages nicht übernommen werden. Bitte besprechen Sie sich mit Ihrem behandelnden Arzt.
Die automatisierte Analyse des Werkes, um daraus Informationen insbesondere über Muster, Trends und Korrelationen gemäß §44b UrhG („Text und Data Mining") zu gewinnen, ist untersagt.

Ich widme dieses Buch
meinem langjährigen Freund und Mentor
Yoshiharu Matsuno
und allen Menschen
mit gesundheitlichen Herausforderungen.

Inhalt

Vorwort

Was ist eigentlich „Gesundheit"? Woher kommt sie? Woraus besteht sie? Kann man Gesundheit „herstellen", kann man Gesundheit lernen?

Die Weltgesundheitsorganisation definiert Gesundheit als „Zustand des vollständigen körperlichen, geistigen und sozialen Wohlergehens" – also auf keinen Fall einfach nur als „nicht krank" im medizinischen Sinne.

Es existieren unzählige Wege zu vollständiger Gesundheit – und sicher noch mehr gute und schlechte Ratgeber dazu. Ein Blick in die entsprechende Abteilung eines Buchladens reicht, um dies zu erahnen.

Nur: wie in aller Welt soll man denn anfangen? Was ist wichtig, was Scharlatanerie? Was hilft nur dem Einen, der Anderen aber nicht? Und gibt es vielleicht einen universellen Schlüssel, wahrhaftige Gesundheit – also eben mehr als nur die „Abwesenheit von physischer Krankheit" – zu finden?

Una Gonschorr ist Entrepreneurin, Sängerin, Darstellerin, Komponistin, Regisseurin, Managerin. Und Buddhistin. Das Leben hat Una durch Situationen geschleudert, die andere Menschen zerstört hätten. Emotional, sozial und gesundheitlich.

Una haben diese Situationen gestärkt. In diesem Buch erzählt sie in ihrer eigenen Tonart, was sie gelernt hat und lässt uns teilhaben. Dies ist kein „Ratgeber". Es ist die Geschichte einer unglaublich vielseitigen Frau, die durch größte Widrigkeiten immer stärker und gelassener geworden ist. Ein Buch, das helfen kann.

In einem besonderen Moment der Dunkelheit in meinem eigenen Leben habe ich selbst Hilfe bekommen von Una und Patch. Unaufgefordert. Und von „rotzfrechem Humor".

Es war nur ein einziger Satz – aber ich habe in der Sekunde ein Stück Heilung erfahren. Etwas instinktiv gelernt, was mich noch heute, nach Jahren, im harten Medizineralltag schützt.

Ich empfehle, dieses Buch zu lesen. Schnell zu lesen. Einzuatmen, sozusagen. Und wirken lassen.

Prof. Dr. med. Guido Arno Matschuck MHBA
Internist & Kardiologe, Intensivmediziner

Danksagung

Ich widme dieses Buch voller Dankbarkeit meiner Freundin Kyle und ihrem Mann Christopher. Sie waren die gesamte Zeit konstant an meiner Seite.

Ich danke meiner Mutter, die mich täglich ermutigte und in der Fröhlichkeit hielt.

Ebenfalls danke ich auch Marianne und meinem Bruder sowie Mitgliedern und Freunden der buddhistischen Laienorganisation Soka Gakkai International, Yoshi, Yette, Heike, Sabine, Marcella, Gerald, Morris, Ulli, Yoko, Eva, Margot, Heidi, Deborah, Nuriye und so vielen mehr, die unablässig für meine Gesundheit und Lebensfreude chanteten.

Ich danke Frau Dr. Siedentopf für ihre einfühlsame Art und dass sie mit mir diesen Weg gemeinsam gegangen ist.

Von ganzem Herzen danke ich meinen Ärztinnen Sabine Merge und Dr. Gesine Dörr für ihre Freundschaft, konstante Fürsorge und Unterstützung.

Auch Prof. Dr. Guido Matschuck war an meiner Seite, und dafür danke ich ihm sehr.

Einen herzlichen Dank an die Ärztinnen und Ärzte des Heidelberger Universitätsklinikums des Forschungsbereiches Onkologie, die mich baten, dieses Buch zu schreiben.

Ich danke Anja, Micha, Rolf und allen, die mich begleitet haben.

Die Dankbarkeit ist es, die mich ermutigt, meine Erfahrung zu teilen.

Einleitung

Als ich mich entschloss, dieses Buch zu schreiben, war mir als allererstes der Titel klar: „Unexpected. Unerwartet". Ich berichte von der Diagnose Brustkrebs, über den Verlauf und welche Überraschungen und Bereicherungen ich unerwarteter Weise erfuhr.

Eines möchte ich gleich zu Anfang sagen: Es geht nicht um „meinen Kampf gegen den Krebs", sondern um „meinen Kampf für ein glückliches Leben".

Ich lade dich ein, was ich erlebt habe, noch einmal mit mir Revue passieren zu lassen. Ich schreibe über dramatische Ereignisse aus meiner Kindheit und Jugend. Und wie mir das Mantra „Nam Moho Renge Kyo"[1] und das buddhistische Studium durch Lebenskrisen geholfen haben.

Auch wenn es am Anfang meiner Lebensgeschichte herausfordernde Passagen gibt, sind sie doch nur wie eine dunkle Nacht, die einen wundervollen Tag ankündigt. Meine Erzählung ist nicht chronologisch, doch gibt es einen grünen Faden der Hoffnung.

Meine Gedanken und Erkenntnisse, von denen wir sicher einige teilen, erklären ein Stück weit meinen Umgang mit der Herausforderung Brustkrebs.

Auch wenn man sich mit dem Thema Krebs zwangsläufig in diesem Leben schon einmal auseinandergesetzt haben mag, so glauben doch sicher viele, dass sie niemals dieses schwere Los treffen wird. So dachte ich zumindest. Dieser Kelch würde bestimmt an mir vorübergehen! Ich hatte schon so viele andere Krankheiten durchgemacht, da bliebe ich sicher vor einer Krebserkrankung verschont…

Nun denn, wäre dem so gewesen, säße ich jetzt nicht hier und schriebe dieses Buch.

Meine Erfahrung mit dieser Erkrankung hat vielen Menschen Mut gemacht. Zuerst wollte ich mich zurückziehen und auf keinen Fall etwas darüber in den Sozialen Medien schreiben. Einige Freunde baten mich jedoch, meine Reise mit ihnen zu teilen und sie auf dem Laufenden zu halten. Da bot sich Facebook an, da ich hierüber als Sängerin und Entertainerin weltweite Freundschaften pflege. Also teilte und berichtete ich fast täglich.

Meine starke Lebenskraft überraschte nicht nur mich. Auch die Schwestern der onkologischen Praxis, in der ich die Chemotherapie bekam, fragten mich, wie man so fröhlich und stark sein könne. Meine liebe Freundin Kyle sagte zu mir, dass sie durch mein Verhalten ihre Angst vor einer Krebserkrankung verloren habe. Sie war es, die mich bat, dieses Buch zu schreiben. Aber auch meine Onkologin ermutigte mich. Eine Ärztin des Universitätsklinikums Heidelberg hat mich ebenfalls eindringlich gebeten, über bestimmte Faktoren zu berichten. Sie könnten zum Beispiel das Thema „Glauben" nicht so einfach vermitteln. Glaube ist aber oftmals entscheidend.

Es gibt vieles, was wir wissen, doch bedeutet das noch lange nicht, dass wir unsere Erkenntnisse auch anwenden. Der Weg zu unserer Weisheit führt oft über den Glauben und das Vertrauen. Jetzt wäre eine gute Zeit, diesen Weg zu gehen.

Ich schreibe über meine Entwicklung vom „Ertragen" hin zu dem starken Willen, jedes Gift in Medizin zu verwandeln, von der Angst hin zum Mut und von der Krankheit hin zur Gesundheit und zu wahrer Lebensfreude.

Meine persönlichen Erlebnisse geben einen Einblick in mein Leben. Jeder Mensch macht eigene Erfahrungen, und alle sind unterschiedlich. Doch es gibt Grundlegendes, was uns allen zugutekommen kann.

So hoffe ich, dass meine Worte eine Ermutigung für dich sind, egal in welcher Herausforderung du gerade steckst!

Gesund und glücklich, das schaffst du!

Kapitel 1

Unerwartete Diagnose
Mut und Vertrauen

Es war ein sonniger Samstagnachmittag, an diesem 11. November 1967. Gunda Gonschorr saß im Flur des Albrecht-Achilles-Krankenhauses, denn ihre Wehen hatten eingesetzt. Am Ende des Ganges stand ein voller Aschenbecher und verbreitete seinen Gestank. Dazu mischten sich Ölfarbendämpfe, da ein Bereich der Station gerade frisch gestrichen wurde. Meine Mutter bat die Schwestern, ob sie sich vielleicht in einen Raum legen könnte, in dem es frische Luft gäbe. Man brachte sie in den Kreißsaal und legte sie dort auf eine Liege. Eine Hebamme stellte fest, dass es bis zur Geburt wohl noch ein bisschen dauern würde. Deswegen könnte sie im Dienstzimmer noch etwas essen. Nun ja, ich wollte nicht warten. Es ging schnell, dreimal pressen und ich war da. So erblickte ich um 14 Uhr das Licht der Welt. Ich war lang und dünn und somit hatte meine Mutter keinerlei Schmerzen.

Mit fünfeinhalb hatte ich einen schweren Unfall. Mein Bruder und ich waren alleine zu unserer Tante und unserem Onkel unterwegs. Die Türen der Berliner U-Bahn konnte man damals schon problemlos während der Fahrt öffnen, was auch viele Menschen taten. Es war üblich, in Fahrtrichtung aus dem noch rollenden Zug zu springen. Das Abteil war sehr voll und jemand hatte die Türen schon im Tunnel geöffnet. Ich stürzte aus dem in den Bahnhof einfahrenden Zug. Ich kann mich nicht mehr genau daran erinnern, ob ich von alleine sprang, hinausfiel oder geschoben wurde.

Ich schlug mit dem Kopf auf den Boden auf. Im Rettungswagen nahm ich kurz meinen Bruder wahr und wurde wieder ohnmächtig. Man stellte im Krankenhaus fest, dass ich mir das Schläfenbein gebrochen hatte.

Während der Untersuchung erlebte ich einen besonderen Moment, in dem ich ganz sicher außerhalb meines Körpers gewesen sein muss.

Keine Angst, es geht jetzt nicht in eine esoterische Richtung. Ich beschreibe einfach, was ich erlebt habe. Ich bin eher eine Freundin von Wissenschaften und Fakten.

Also, ich sah Ärzte und Schwestern um meinen Körper stehen, und das von oben. Ich fühlte mich pudelwohl. Alles war friedlich und behaglich. Es war ein Moment, in dem mir klar wurde, dass ich so zwar kein leckeres Vanilleeis essen können würde, dies aber auch egal war, da ich mich komplett erfüllt fühlte. Doch ich spürte, dass ich weiterleben sollte, und mein Bewusstsein rutschte wieder in die Ohnmacht.

Diese Erfahrung prägte mein weiteres Leben auf ganz unterschiedliche Art und Weise. Einerseits spürte ich eine extreme Verbindung mit allem, was mich umgab. Andererseits brachte es mich an einen Punkt, an dem ich nicht ausreichend für mein eigenes Leben kämpfte. Ich hatte wohl im Hinterkopf, dass, wenn es zu schwierig sein würde, ich ja wüsste, wo der „Ort" sei, an dem es angenehm ist. Ich weiß es nicht genau. Doch auf jeden Fall brachte dieses Erlebnis nicht nur Positives mit sich. Ich wusste nun zumindest, dass es da noch mehr gibt und unsere Reise immer weiter geht. Unsere Energieform mag sich ändern, doch Energie verschwindet nicht.

Ich verbrachte zwei lange Monate im Krankenhaus, brav im Bett liegend und mich kaum bewegend.

Auf Grund einer Hirnhautentzündung, die häufig bei Kindern nach einer Schädelverletzung auftritt, brachte man mich in ein Isolierzimmer. Keine Fenster, die Wände vergilbt und die Klingel, um eine Krankenschwester zu rufen, war kaputt.

So weinte ich eines Nachts, als ich auf die Toilette musste und niemand kam. Das Bett war vergittert, da machte ich hinein. Als endlich eine Schwester kam, schimpfte sie arg mit mir, warum ich mich nicht gemeldet hätte.

Es gab aber auch sehr nette Menschen, die sich um mich kümmerten. Eine junge Frau, die mich regelmäßig besuchte, brachte mir einmal kleine holländische Keramik-Schuhe von der „Grünen Woche" mit, einer Landschaftsmesse in Berlin. Ich habe sie heute noch. Sie sind für mich ein Symbol des Mitgefühls.

Als meine Eltern mich aus dem Krankenhaus abholen wollten, konnte ich nicht mehr laufen. Ein Schock. Schnell war klar, dass ich mich acht Wochen lang kaum bewegt hatte und somit meine Muskulatur verkümmert war. Ich musste länger in der Klinik bleiben und lernte Schritt für Schritt wieder zu gehen.

Ich habe also schon früh intensive Erfahrungen mit dem Gesundwerden gemacht. Trotz allem verlor ich nicht meine Fröhlichkeit.

Als Kind ist so ein schlimmer Unfall und längerer, teils einsamer Krankenhausaufenthalt beängstigend und prägend. Als Erwachsene mit der Diagnose Brustkrebs konfrontiert zu werden und eine schwierige Operation vor sich zu haben, ist auch beängstigend. Zudem war ich wieder alleine im Krankenhaus.

Es war das Jahr 2020, die Zeit von Corona COVID 19, und Besuche waren in Kliniken nicht erlaubt. Doch gab es jetzt einen wesentlichen Unterschied gegenüber der Zeit in der Kindheit. Dazu später mehr.

In meiner Jugend brach ich mir im Sportunterricht beim Volleyball den kleinen Finger und beim Bockspringen den Unterarm. Außerdem stellte man fest, dass ich die Schilddrüsenerkrankung Hashimoto Thyreoiditis habe. Als Erwachsene erlitt ich drei Schleudertraumata durch unverschuldete Autounfälle, eine schwere Aspergillose (Schwarzschimmelpilz-Vergiftung), die mich fast das Leben kostete und einen doppelten Bandscheibenvorfall mit halbseitiger Lähmung, die sich zum Glück wieder zurückbildete. Als beide Impulsgeber im Herzen zeitweise aussetzten (Sick Sinus mit AV Block III) brachte mir das einen Herzschrittmacher ein.

Man stellte auch fest, dass ich einen sehr hohen IGg2 Wert hatte, was anzeigte, dass mein Immunsystem fehlgeleitet war.

War es bei all dem nicht verständlich, dass ich glaubte, ich würde sicherlich nicht auch noch Krebs bekommen?!

Doch es gab noch mehr, was mir widerfuhr. Aber ich möchte mit meinen Erfahrungen nicht abschrecken, sondern aufzeigen, dass man alles ins Positive wandeln kann.

2019 hatte ich extrem häufig Migräneanfälle und bekam dafür entsprechende Medikamente. Ich verlor an Gewicht und ging daraufhin zu meinem Gastroenterologen. Er meinte, ich würde mir wohl das Essen abgewöhnen. Das konnte nicht sein, denn ich aß wie immer. Doch er ließ von seiner Meinung nicht ab.

Im Herbst spürte ich einen Knoten in der rechten Brust, glaubte aber, dass ich wegen des Gewichtsverlustes eine Zyste, die wir schon lange unter Beobachtung hatten, jetzt einfach stärker fühlen würde. Zudem bekam ich immer heftigere Schulterschmerzen. Auch hier dachte ich, dass es von einem kleinen Unfall herrührte, den ich mit zwei Pferden hatte.

Ein Wallach ärgerte eine Stute, sie machte einen Sprung zur Seite und schubste mich. Ich stürzte auf meinen Brustkorb und die rechte Schulter. Nach einiger Zeit wurden die Schmerzen unerträglich. Ich wachte nachts unter Tränen auf. Daraufhin ging ich zu meinem Orthopäden. Er hatte den Verdacht auf eine „Frozen shoulder". Doch meine geschwollenen Lymphknoten in der rechten Achsel passten nicht ins Bild. So schickte er mich zum Ultraschall in die Schlosspark-Klinik.

Der dortige Arzt hatte früher schon meine Brust untersucht. Eine ca. 1 cm große Zyste in der rechten Brust stand seit mehreren Jahren unter Beobachtung. Er schallte also meine Lymphen, und ich bat ihn, wenn ich schon einmal da war, auch meine Brust zu kontrollieren. Ich sehe heute noch seinen blassen Gesichtsausdruck. Der Knoten war fast 4 cm groß. Er leitete sofort weitere Untersuchungen in die Wege.

So lernte ich meine Onkologin kennen. Eine wundervolle Frau. Sie erwies sich als einfühlsam, dabei aber auch sehr klar. Ich sagte ihr bei der ersten Untersuchung, dass es sicher nichts Schlimmes sei. Doch sie entgegnete sofort: „Doch, das ist was Schlimmes!". Ich wiederholte meine Meinung, dass es das nicht sei. Irgendwie hatte ich das Gefühl, dass - egal - was es ist, alles o.k. sein würde. Sie machte eine Biopsie, und wir mussten einige Tage auf das Ergebnis warten.

Es kam der Tag der Laborbefunde. Meine Mama begleitete mich, und das bedeutete mir sehr viel. Ich war immer noch optimistisch und befürchtete nichts Dramatisches. So traf mich die Diagnose unerwartet. Es sollten die rechte Brust amputiert und Lymphknoten entnommen werden.

Ob eine Chemotherapie und eine anschließende Bestrahlung notwendig seien, würde man nach der OP entscheiden.

Mein Kreislauf fuhr in den Keller. Ich musste mich hinlegen. Ein starkes Gefühl vermittelte mir, dass wir meine Brust nicht abnehmen müssten. Ich sagte der Ärztin, dass mein Körper mir mit diesem Schwächeanfall deutlich zeigen würde, dass wir nicht ganz auf dem richtigen Weg wären. Die Onkologin holte meine Mutter dazu und erläuterte ihr die Situation. Dies tat sie sehr liebevoll und einfühlsam. Wir einigten uns, dass sie brusterhaltend operieren würde.

Ich hatte schon so viele Krankheiten und Unfälle und einige unglaublich positive Heilungen erlebt. Scheinbar Unmögliches war möglich geworden. Ich konnte z.B. nach einer halbseitigen Lähmung auch ohne Bandscheiben OP wieder laufen, eine Aspergillus-Vergiftung heilte ohne Medikamente aus, und 30 Jahre nach meinem Unterarmbruch wurde der schiefe Arm nach Faszientherapie wieder gerade.

Dafür hatte ich auch eine wunderbare Basis in meinem Leben.

Mit 16 Jahren lernte ich den Buddhismus Nichiren Daishonins[2] kennen. Ich fing an zu chanten[3], so nennt man das Rezitieren des Mantras „Nam Myoho Renge Kyo". Ich werde sicher in diesem Buch hin und wieder buddhistische Texte zitieren und des Öfteren über „Gift in Medizin verwandeln" schreiben. Auch wie ein buddhistischer Freund es als penetranten Optimismus benennt, wird man hier und da spüren.

Ich möchte betonen, dass es hier nicht um Hokus Pokus geht. Wir alle glauben an irgendetwas. Selbst wenn wir glauben, dass wir nichts glauben, so glauben wir halt, dass wir nichts glauben.
Jede Erkrankung bietet uns eine große Chance, unseren Glauben zu hinterfragen und zu prüfen. Ich nutzte mit der Krebsdiagnose die Chance, meinen Glauben an ein glückliches Leben zu vertiefen.

So viele buddhistische Freunde chanteten mit unerschütterlicher Kraft für meine Genesung. Andere beteten oder sendeten Energie. Ich fasste Mut.

Christopher lud mich spontan für drei Tage nach Paris ein, wo er mit seiner Frau Kyle und einer gemeinsamen Freundin Urlaub machte. Wir verbrachten drei herrliche Tage in der Stadt der Liebe. Es war wie ein Traum. Diese Metropole verzaubert. Aber auch ihre Menschen und dieses fantastische Essen sind très bon! Wir wohnten bei Christophers Schwester. Lola, ihr schwarze Katze, legte sich abends immer zu mir ins Bett. Erstaunlich war, dass sie ihre Pfötchen auf meine rechte Brust und die Lymphknoten legte. Das geschah dreimal in der Zeit.

Es war eine eindrucksvolle Reise, und ich bin unendlich dankbar dafür.

So ging ich optimistisch in die Klinik. Vor der OP musste noch eine Mammographie gemacht werden, um Marker wegen der Verkalkungen zu setzen. Diese sollten mit dem Tumor zusammen entfernt werden.

Schon vor der Untersuchung durfte ich mich wieder im Mutigsein trainieren. Mut bedeutet nicht die Abwesenheit von Angst, jedoch letzten Endes über seine Ängste zu triumphieren.

Ich lag im Bett auf dem Gang vor dem Untersuchungsraum. Bei der Patientin vor mir schien es Schwierigkeiten zu geben, denn sie schrie. Ich bekam Angst. Doch ich kämpfte dagegen an und sagte mir, dass meine Untersuchung problemlos verlaufen wird.

Ich chantete für die Dame. Der Arzt lief aus dem Zimmer und bemerkte mich. Er klopfte im Vorbeigehen leicht auf meine Schulter und sagte so etwas wie: „Ist ein bisschen schwierig!"

Und wieder überkam mich eine Welle der Angst. Doch ich sagte mir, nein, das wird anders bei mir sein. Es half mir sehr, die Situation so zu betrachten, wie ich es aus Studien des Buddhismus kannte. Die „Negativität" versuchte hier, sich an meinem Leid zu ergötzen und mich zu quälen. Ich sagte mir innerlich: „NEIN! Das lasse ich nicht zu!"

Eine Frau wurde auf ihrem Bett liegend an mir vorbei geschoben. Sie schaute mich an und sagte: „Keine Angst, ich war davor dran, und es war nicht so schlimm!"

Das beruhigte mich sehr. Ich stellte wieder einmal fest, wie wichtig es ist, sich auf das Positive zu konzentrieren.

Doch auch meine Markierung sollte nicht so einfach werden. Der Arzt wollte schon abbrechen. Er sagte, er würde die Betäubung nicht ins Gewebe bekommen. Ich war aber auf Mut eingestellt und entgegnete ihm mit ruhiger Bestimmtheit, dass er es noch einmal versuchen sollte. Er würde es sicher schaffen. Und ja, zum Glück hat es dann auch funktioniert.

Kurz vor der OP kam meine Chirurgin mit den Bildern der Mammographie zu mir und setzte sich auf mein Bett.

Sie zeigte mir das erste Bild und sagte, dass sie bei dieser Ansicht meinen würde, dass wir es schaffen werden. Bei dem zweiten Bild allerdings würde ihr ganz anders.

Das Feld der Verkalkungen war 6,5x7 cm groß. Das gesamte Gewebe müsste entfernt werden.

Ich nahm ihre Hand und sagte, dass sie sich überhaupt keine Sorgen machen müsste, da so viele Menschen für uns chanten, beten und Energie senden. Es würde ganz sicher alles gut verlaufen. Sie antwortete mit den Worten: „Ihr Wort in Gottes…", dann lachte sie und änderte den Satz: „…in Buddhas Ohr!"

Was für einen hohen Lebenszustand ich in diesem Moment verspürte! Ich war wirklich absolut ruhig und klar.

Eine „LMAA"-Tablette lehnte ich ab, denn ich hatte den Wunsch, dem gesamten OP-Team bei vollem Bewusstsein CDs von meinem letzten Musical „APONIS Verwandlung" zu schenken.

Ich leite den gemeinnützigen Verein „namu Art for Life Network e.V."[4]. Seit 2005 mache ich mit allen Mitwirkenden Musical- und Gesangsaufführungen für schwer kranke Kinder in Krankenhäusern und Hospizen. Dafür schreibe und komponiere ich Geschichten mit Musik und arbeite viele Stunden mit Peter Gasper im Tonstudio.

APONI ist eine kleine dicke Raupe, die so gerne fliegen möchte. Doch sie ist klein und sie ist dick und hat zum Fliegen kein Geschick. So viel sei verraten: sie erfährt eine wundervolle Verwandlung.

So hatte ich mir wohl auch vorgestellt, dass meine Brust hinterher vielleicht schöner aussehen würde als zuvor. Ein lieber Freund äußerte scherzhaft den gleichen Gedanken. Er war die gesamte Zeit an meiner Seite, wenngleich auch alle Kontakte nur per Handy stattfinden konnten.

Die heutigen technischen Möglichkeiten waren für mich ein Segen und eine große Unterstützung. Mich auf die Dankbarkeit darüber zu konzentrieren, war allemal besser, als Zweifel aufkommen zu lassen.

Im OP-Saal waren alle unglaublich herzlich und mitfühlend.

Nach dem Eingriff kam die Chirurgin zu mir. Sie sagte, dass sie es kaum glauben könne. Sie habe tatsächlich geschafft, meine Brust zu erhalten. Und so blieb ich optimistisch, was die Pathologie und das Aussehen meiner Brust anbelangte.

Ich fand immer wieder kleine Glücksboten in meinem Krankenzimmer. Am ersten Tag war da, im kühlen März, ein gelber Marienkäfer. Ich setzte ihn raus, da die trockene Heizungsluft sicherlich nicht so gut für ihn war. Am folgenden Tag war wieder ein Glückskäfer an der Scheibe. Dieser war rot. Nach der OP war ich nicht fit genug, um auch ihn an die frische Luft zu setzen. Doch tags darauf konnte auch er in die Freiheit. Am selben Tag tauchten dann noch zwei Käferchen auf und auch diese durften durch das Fenster hinaus. Am vorletzten Tag meines Aufenthaltes entdeckte ich wieder zwei Marienkäfer, und abermals öffnete ich ihnen den Weg in die Natur.

Am Nachmittag kam dann eine Schwester in mein Zimmer und brachte mir ein Päckchen. Es war von Sarah, einem lieben Teammitglied unseres Vereins.

Sie hat selbst schon viel erlebt und weiß, wie herausfordernd so ein Krankenhausaufenthalt sein kann. Dann noch zu Corona-Zeiten. Kein Besuch. Alleine. Da war ich über die kleinen Glückskäfer und dieses Päckchen sehr erfreut. Als ich die Überraschung öffnete, fand ich unter einer Karte und selbstgebastelten Geschenken eine Tüte „Schokoladen-Marienkäfer"! Ich lachte herzlich.

Am nächsten Morgen kam meine Ärztin zu mir und sagte, sie hätte gute und schlechte Nachrichten.

Das Gute war, dass diese Art von Tumor nicht die Haut befiel und meine Entscheidung, brusterhaltend zu operieren, somit richtig gewesen war. Die schlechte Nachricht war, dass trotzdem das gesamte Brustdrüsengewebe noch entfernt werden müsste, da laut Pathologie am Operationsrand noch veränderte Zellen nachzuweisen gewesen waren. Man bezeichnet dies als R1 Resektion. Doch zuvor würde ich 24mal Chemotherapie und nach der zweiten OP 28mal Bestrahlung erhalten. Dann, einige Zeit später, könnte man mit Eigengewebe einen Wiederaufbau anstreben.

Diese Diagnose und ihre Konsequenzen zogen mir den Boden unter den Füßen weg. Ich wollte auf gar keinen Fall eine Chemotherapie machen. Doch gerade in diesem Punkt war meine Ärztin sehr klar. Daran gab es für sie keinen Weg vorbei. Ich war schockiert. Zu Hause konnte ich nur noch weinen.

Kapitel 2

Chemo? Ja oder nein?
Ein unerwartet wundervoller Augenblick

Angst und Panik gepaart mit Hoffnungslosigkeit... so kann ich das Gefühl beschreiben, das ich drei Tage und Nächte lang fühlte. Ich hatte Todesangst vor einer Chemotherapie. Ich zitterte und war komplett verkrampft. Ich versuchte Atemübungen zu machen, um mich etwas zu entspannen.

Am dritten Tag paarte sich das Gefühlschaos mit Wut. Ich chantete wie eine Löwin und forderte von meinem Leben augenblicklichen Schutz. Sofort sollte mir geholfen werden, denn diesen Lebenszustand würde ich nicht länger ertragen. Mit diesen verkrampften und lähmenden Emotionen würde ich meinem Körper nur noch mehr schaden.

Wenn man das Lebensgesetz von Ursache und Wirkung schon öfter bewusst wahrgenommen hat, dann ist es nach solch einem kräftigen Daimoku (so nennt man das Wiederholen von Nam Moho Renge Kyo) doch nicht ganz unerwartet, dass sich alles in Bewegung setzt.

An diesem Tag geschah das in Form von Telefonanrufen. Vier meiner buddhistischen Freunde riefen mich nacheinander an. Ein Gespräch war ermutigender als das andere. Yoshi, der selbst gerade eine Krebsbehandlung erfuhr, ermutigte mich, unbedingt zu siegen. Ich hätte noch eine Aufgabe. Er sagte mit kräftiger und einfühlsamer Stimme: „Una, du bist stark und Daimoku ist stärker als die Angst!"

Noch zwei weitere Anrufe waren extrem bewegend. Sabine, die auch Ärztin ist und viele Krebspatienten und Krebspatientinnen behandelt, sagte zu mir: „Una, das kannst du besser!".

Am Abend spürte ich Entspannung, neue Kraft und die Entschlossenheit, egal was auch passieren würde, auf jeden Fall zu siegen. „Ich werde gesünder denn je und ICH entscheide was passiert!"

Der Tag des Verbandswechsels stand an. Ich würde zum ersten Mal sehen, wie die Brust ausschaute. Tja, das mit der schönen Verwandlung... war so nichts. Dreiviertel der Brust sah sehr gut aus, aber ein Viertel fehlte. Ehrlich gesagt, sah es schlimmer aus als ich es mir vorgestellt hatte. Doch war das nicht egal? Es sollte ja eh noch das restliche Brustdrüsengewebe entnommen werden.

Doch zu allererst einmal das Wichtigste. Chemotherapie: ja oder nein? Ich wusste nur eines. Ich musste mir 100% klar darüber sein, ob ich sie machen wollte oder nicht. Das sagte ich auch meiner Ärztin. 99% würden mir nicht ausreichen. Ich musste es schaffen, 100% klar und entschlossen zu sein, ansonsten würde ich die Chemo nicht machen. Es war mir klar, dass mir diese Therapie mit einer falschen Einstellung mehr schaden als nützen würde.

Es vergingen bange Tage mit viel Grübeln und ich chantete intensiv. Ich bekam sehr viele, extrem unterschiedliche Meinungen, von: „Auf jeden Fall machst du das!", bis hin zu: „Auf gar keinen Fall machst du das! Ich will dich nicht verlieren!". Dass wir uns gerade mitten in einer weltweiten Pandemie befanden, machte die Situation nicht leichter.

Wegen meines Immundefektes und der Herzvorerkrankung gab es berechtigte Zweifel, ob diese Therapie mir vielleicht mehr schaden als nützen würde.

Ich hatte viele Berater, und alle wollten nur das Beste für mich. Doch mir wurde zunehmend klar, dass ich diese Entscheidung ganz alleine treffen musste. Ab einem gewissen Punkt ließ ich mich ganz und gar ins Vertrauen fallen, dass die ersehnte Klarheit beim nächsten Arztgespräch einfach da sein würde.

Der Tag kam schneller als gewollt. Und auf einmal war es da, das Gefühl der klaren Entschlossenheit. Es ging nicht darum, ob ich die Chemo machte oder nicht, sondern nur darum, ob ich daran glauben konnte, dass ich gesund werden würde. Und das wollte ich zu 100%. „Ich werde es machen, und es wird gut! Ich werde die Erfahrung von Yoshi wiederholen oder sogar toppen."

Yoshi hatte schon einige Chemotherapien hinter sich, doch seine Kraft und Lebensfreude hatten dadurch noch eher zugenommen. Wenn er mir immer erzählte, wie ausgesprochen gut es ihm ging, hatte ich fast die Vermutung, dass er das nur tat, damit er mich im Glauben nicht entmutigte.

Yoshi chantete seit seiner Jugend und kam vor vielen Jahren aus Japan nach Deutschland, um hier von dem Buddhismus zu erzählen. Er ermutigte schon so viele Menschen, ihr Leben zu meistern.

Er bat mich, an das Unerklärliche zu glauben. Egal, wie ich mich entscheiden würde, er wäre an meiner Seite. Meine liebe Freundin Gesine bestärkte mich eindringlich, die Chemo zu machen. Diese Therapie sei wichtig. Mein Glaube würde mir da durchhelfen. Sie ist Chefärztin der Kardiologie und hatte durch ihre vielen Erfahrungen vielleicht einen klareren Blick.

Als ich das Sprechzimmer meiner Onkologin betrat, schaute sie mich fast aufgeregt und fragend an. „Und? Was machen wir?" Ich antwortete nur: „Darf ich dann im Sommer nicht in die Sonne?"

„Dann machen wir es? Mir fällt ein riesiger Stein vom Herzen, liebe Frau Gonschorr!" Sie hatte wahrlich mitgefiebert, wie ich mich entscheiden würde. Das war ein gutes Gefühl und gab mir noch ein Stück weit mehr Sicherheit, die richtige Entscheidung getroffen zu haben.

Dann erklärte sie mir das Procedere. Ich musste einen Port implantieren lassen. Über diesen würde die Chemo in meinen Körper gelangen. Wenngleich auch jeder Eingriff ein gewisses Risiko mit sich bringt, so ist dieser dank Propofol kein großes Thema. Und am Ende aller Behandlungen wird er ja wieder herausgenommen.

Wir machten einen Zeitplan. Auf Grund meines Herzschrittmachers wurde mir geraten, die Infusionen einmal wöchentlich zu planen. Das wäre schonender für mein Herz. Prof. Dr. Guido Matschuck, Chefarzt der Kardiologie, kannte meinen kardiologischen Verlauf. Er bat um engmaschige Kontrollen mittels eines GLS-Echos. Da die erste Hälfte der Chemotherapie kardiotoxisch sein konnte, wollte er ganz sicher gehen, dass wir eine eventuelle Verschlechterung schnell erkennen würden.

Was mein Immunsystem anbelangte, stellte meine Mutter eher scherzhaft die Frage, ob die Chemotherapie vielleicht auch das Immunsystem „reseten" könnte. Meine Onkologin antwortete, dass dies durchaus geschehen könnte. Sie selbst hatte schon Patientinnen, bei denen Autoimmunerkrankungen unter der Therapie verschwanden.

Ich fokussierte jede noch so kleine Hoffnung und blies sie in mir auf. Ich chantete jeden Morgen und an jedem Abend und oft auch einfach mitten am Tag. Wenn ich das alles erleben muss, dann will ich eine fantastische Erfahrung damit machen! Das war meine Haltung.

Ich bereitete mich auf die Zeit der Chemo vor. An jedem einzelnen Tag wollte ich mich bunt und fröhlich kleiden. Sonnengelbe Hosen mit grüner Bluse oder mal ein rotes T-Shirt. Türkisfarbene Oberteile und lindgrüne Jeans. Apricot und hellblau, pink und viele andere Farben gaben mir und meinem Umfeld Kraft.

Farben können stark auf unser Wohlbefinden wirken. Auf Goethe ist das Buch der Farbenlehre zurückzuführen. Weitere Erfahrungen mit den Wirkweisen der Farben wurden vielfach niedergeschrieben. Ein dunkles Blau ist zum Beispiel gut geeignet, um in die Ruhe zu kommen. Gelb steht für die Sonne und Lebensfreude. Rot hingegen ist eine Farbe voller Lebenskraft und steht auch für den Angriff. Und das tat ich. Ich nahm mich aus der Opferrolle und griff an. Nicht den Krebs, sondern das, was in mir potentiell zu meiner Erkrankung beigetragen haben könnte. So war meine Sichtweise.

Ich sagte mir, dass die Ärzte und die Medizin ihren Beitrag leisten würden. Meine Aufgabe bestünde darin, mich mit meinem Lebensgefühl auseinander zu setzen. Wo war ich nicht im Fluss? Vereinfacht gesagt, bestand mein Tumor aus degenerierten und nicht rechtzeitig abtransportierten Körperzellen. So hatte ich es verstanden. Ich fragte mich, wo ich nicht losließ und was ich vielleicht lieber aus meinem Leben gehen lassen sollte. Ich wusste, was ich auf gar keinen Fall loslassen wollte: meine Entschlossenheit, dieses Leid in Glück zu wandeln.

**Gelb
bedeutet für mich
Lebensenergie,
Sonne,
Freude,
goldenes Licht.**

„DENN AN DER FARBE
(DER KLEIDUNG)
LÄSST SICH DIE SINNESWEISE,
AN DEM SCHNITT
DIE LEBENSWEISE DES MENSCHEN ERKENNEN."

JOHANN WOLFGANG VON GOETHE (1749-1832)

aus: „Wilhelm Meisters Wanderjahre" 1821/1829
2. Buch 2. Kapitel

Der Tag der ersten Chemotherapie war gekommen. Eigentlich hatte ich mit dem Gedanken gespielt, die Therapie in einer anderen onkologischen Praxis zu machen. Die Atmosphäre sagte mir dort mehr zu. Diese hier schien mir so kalt. Das einzig Warme in dieser schwarz-weiß eingerichteten Praxis strahlten Frau Dr. Siedentopf und die Arzthelferinnen aus. Ihre Herzlichkeit ließ mich dann auch diesen Ort annehmen.

Es war ein sonniger Tag. Ich ging in dieses Alt-Berliner Zimmer, das bis auf ca. 1,60 m Höhe weiß gefliest war. Die onkologische Fachassistentin Susanne bot mir einen Platz auf einer Sitzliege am Fenster an. Sie bereitete die Chemo vor. Ich war ruhig und konzentrierte mich auf das innerliche Chanten. Mit Kopfhörern in den Ohren freute ich mich, dass ich so gut für mich gesorgt hatte. Wasser und gesunde Knabbereien, ein weiches Kissen und gute Gedanken waren wertvolle Begleiter für diesen spannenden Moment. Wie würde es sich anfühlen, die Nadel in den Port gestochen zu bekommen? Wie würde es sein, wenn dieses „Gift" in mich hineinfließt? Gleich würde ich es wissen.

Dann kam Frau Dr. Siedentopf. Nur sie durfte wegen der kardiotoxischen Chemo die Nadel in den Port pieksen. Es tat überhaupt nicht weh. Dann entspannte ich mich, lauschte dem Daimoku (Chanten von Nam Myoho Renge Kyo) auf Youtube und schloss die Augen.

Welche Bilder dann in mir aufkamen, war wirklich unerwartet. Damit hatte ich nicht gerechnet. Ich erwähnte schon, dass es für mich nicht der „Kampf gegen den Krebs" sein sollte, sondern der „Kampf für ein glückliches Leben". So waren die Bilder in mir völlig anders, als von so vielen geschildert.

Es hatte so gar nichts Kämpferisches. Friedlich und schön, mit wundervollen Farben zeichnete sich ein Bild ab, das ich nie vergessen werde.

Zart rosafarbene Blütenblätter schienen durch den Port in meine Blutbahn zu fließen. Jedes einzelne Blütenblatt nahm sich eine Tumorzelle und trug sie hinfort. Ich lächelte und war unendlich dankbar, dass sich all meine Ängste vor diesem Augenblick in Nichts auflösten. Ich dankte jeder Zelle für ihre Aufgabe. Im gesunden wie im veränderten Zustand war jede wertvoll für mein persönliches Wachstum. Ich konnte die Dinge so annehmen, wie sie waren.

Als ich nach einiger Zeit meine Augen wieder öffnete, wartete da die nächste Überraschung auf mich. Eine ca. 70 cm große, goldene Buddha-Statue, die mit bunten Glassteinen verziert war, stand mir direkt gegenüber auf einem Tisch. Ich hatte sie zuvor überhaupt nicht wahrgenommen. Ich hatte nur diese innerliche Ablehnung diesem kühlen Ambiente gegenüber verspürt. Und nun das!

Während einer solchen Herausforderung wie einer Krebserkrankung kann man sehr feinfühlig werden und Dinge intensiver erleben. Das ist auch mal ganz gut so, denn die meisten Wunder rasen wohl einfach unbemerkt an uns vorbei.

Es ist notwendig für unser Überleben, dass wir Dinge schnell in unserem Gehirn abspeichern. So fokussieren wir uns seit der Urzeit auf das Wesentliche. Damals war das meist die Gefahr. Etwas in uns musste ständig auf der Hut sein. Auch wenn wir heute auf andere Gefahren treffen, läuft doch dieses Programm weiterhin in uns ab. Das ist sicher auch einer der Gründe, warum viele oft eher negative oder sorgenvolle Gedanken hegen.

Achtsamkeitstraining ist eine wundervolle Methode, um sich aus diesem Kreislauf zu befreien. Man kann sich zum Beispiel einfach eine Rosine nehmen und sie mal ganz bewusst betrachten. Ihre Textur spüren, sie in den Mund nehmen und mit der Zunge abtasten. Welche Konsistenz und welchen Geschmack hat sie, bevor man darauf beißt? Und dann beim Zerkauen?

Verschiedenste Konzentrationsmethoden sind mittlerweile wissenschaftlich erkundet. Viele sind effektiv, um Denkprozesse zu unterbrechen und unseren Bewusstseinszustand zu erhöhen.

Das Chanten von Nam Myoho Renge Kyo ist eine aktive Meditation. Diese Ausübung heißt auch „Hohe Konzentration". Am besten ist es, dieses Mantra wiederholt auszusprechen und gleichzeitig daran zu denken. Das gelingt in seiner reinsten Form meist nur für Sekunden. Es gibt sicher Menschen, denen es leichter fällt, ganz fokussiert zu sein. Für mich ist es eine Herausforderung. Doch eines ist klar, egal ob man es nun beherrscht oder nicht, auf jeden Fall wird sich etwas im eigenen Leben verändern und zum Frieden in sich und der Welt beitragen.

Nun chanten ja nicht alle Menschen. Das ist auch gar nicht notwendig. Ganz im Gegenteil, unsere Vielfalt sichert eher unser Fortbestehen und macht das Leben interessanter. Man kann Meditation auf viele Arten ausüben.

Sehr viele erfolgreiche Menschen meditieren. In der SGI finden sich Personen vieler Kulturen und aus allen Gesellschaftsschichten. Es chanten u.a. Ärzte und Ärztinnen, Wissenschaftlerinnen und Wissenschaftler, die Frisörin, der Fußballstar, die Sängerin, der Obdachlose und der Architekt. Es geht immer um das Glück des Einzelnen. Beim Chanten geht es darum, unsere „Buddhanatur"[5] aus uns hervorzuholen.

Ich bezeichne es manchmal auch als „Dusche der Seele" und „Nahrung für die Seele".

Ich fühle da eine Frage bei dir aufkommen. Warum wird jemand, der schon so lange chantet, so krank? Hierzu gibt es eine Antwort in den Schriften von Nichiren Daishonin: „Keiner kann Hindernissen und Herausforderungen entfliehen, selbst Heilige und Weise nicht."

Es gibt im Buddhismus die vier Grundleiden: Geburt, Krankheit, Alter und Tod. Es gibt auch noch weitere Leiden, zum Beispiel von denen getrennt zu sein, die man liebt.

Es geht in dieser buddhistischen Praxis darum, die Leiden in Freude zu verwandeln, durch Schwierigkeiten zu wachsen und die ganz eigene menschliche Revolution zu verwirklichen, „Gift" in Medizin zu verwandeln. So wie ich es mit dieser Chemotherapie erfahren habe. Dieses potentiell kardiotoxische Gift, das direkt durch mein Herz floss, zeigte sich mir in dieser Vision als reine, wundervolle Medizin. Es war ein wirklich fantastisches Bild. Es steht für mich heute noch für tiefstes Vertrauen.

Vertrauen ist eines der wesentlichen Heilmittel. Vertrauen in das eigene Leben, in die eigene Lebenskraft und vor allem in die Lebensfreude. Ja, oft mögen wir lachen und recht fröhlich wirken, doch ich kenne viele, in denen eine tief verborgene Trauer steckt. So auch bei mir. Dank dieser Tumorerkrankung habe ich die Kraft bekommen, mich damit tiefer auseinanderzusetzen.

Kein anderer Mensch kann einem so viel Glück schenken, dass sich dadurch diese Dunkelheit dauerhaft auflösen würde. Das Licht des Glücks in sich zu entfachen, ist die Aufgabe jedes einzelnen Wesens für sich selbst.

Sicher sind wir vorübergehend glücklich, wenn man uns sagt, dass man uns liebt oder wertschätzt, doch diese Freude ist nur vorübergehend. Es gibt diese Art von Freude, die unabhängig von den Umständen ist. Und genau diesen Zustand kann man durch Meditation erreichen. Man spricht auch von einer höheren Energie. Diese höhere Energie ist die Basis für Heilung, Gesundheit, Freude und Glück, sie ist wahre Lebenskraft. Ist unsere Lebenskraft niedrig, so haben Krankheiten und Unfälle ein leichteres Spiel mit uns. Ist unsere Lebensenergie höher, achten wir mehr auf uns und unsere Umgebung. Wir nehmen mehr wahr und können schneller reagieren.

Ich spürte ziemlich zu Anfang aller Behandlungen, dass ich es mir nicht leisten können würde zu leiden, zu zweifeln oder zu verzagen. Ich habe zu viel über Energie gelesen, als dass ich nicht genau wüsste, wie wichtig es für unseren Körper ist, ihm die beste Energie zuteilwerden zu lassen. Dies gilt für die Ernährung, Bewegung, Reinigung und Pflege sowie auch für die Gedanken und vor allem die Gefühle. Doch auch das, was wir uns anschauen, anhören, schmecken oder sensorisch fühlen, ist Energie. Somit kann es unser Allgemeinempfinden steigern oder schmälern.

Warum schreibe ich so intensiv darüber? Es ist entscheidend für die Heilung, ob man dem Leiden nachgibt oder die Tür zum eigenen Leben aufstößt. Und sicher ist diese Tür keine, die nicht die Tendenz hätte, auch wieder zuzufallen. So bleibt es ein ewiges Training, sie offenzuhalten. Man könnte auch sagen: „Der Weg ist das Ziel!"

Allein dieses Erlebnis von der ersten Chemotherapie war für mich ein Beweis, dass ich lernte, meine Zweifel zu überwinden und es sich lohnte, meinen Glauben zu vertiefen.

Was mich auf einen sehr wichtigen Punkt kommen lässt: die Visualisation. Dr. Oscar Carl Simonton war ein amerikanischer Facharzt für Radiologie und Onkologie. Schon in den siebziger Jahren experimentierte er mit seinen Patienten mit der Visualisation. Er erzielte damit fantastische Erfolge. Selbst Menschen, deren Fälle hoffnungslos schienen, wurden wieder gesund.

Entscheidend war die wiederholte Vorstellung, in der sich die Patienten gesund sahen. Mit dieser Methode arbeiten auch Hochleistungssportler. Sie stellen sich den gesamten Weg ihrer sportlichen Aktivität im Geiste vor. Messungen ihrer Gehirnwellen haben gezeigt, dass diese bei der bloßen Vorstellung der Bewegungen ganz genau so aktiv waren, als würde der Sportler real in Aktion gewesen sein.

Insofern kann man sagen, dass wir unsere Realität formen. Zumindest die unserer Zellen im Körper. Gefühle von Trauer und Leid, Ärger und Groll sind pures Gift für unsere Zellen. Viele Menschen leben täglich mit diesen und anderen negativen Gefühlen. Sie bemerken gar nicht, wie lebensnotwendig es wäre, diese Gefühle zu verändern. Das ist ja auch gar nicht so einfach, denn wir alle haben Prägungen aus der Kindheit und Jugend und dem Jetzt. Diese Muster in uns zu verändern, kann sich wie ein extremer Kraftakt anfühlen. Das Entscheidende ist jedoch, dass es möglich ist. Im Übrigen ist das auch der Grund, warum ich chante, um das Unmögliche möglich zu machen. Denn um das Mögliche möglich zu machen, brauche ich nicht zu chanten. Doch ich möchte auf „Glauben" in seiner Essenz hinaus. Schaue ich einfach nur in die Natur, komme ich zwangsläufig zu dem Schluss, dass das Leben in sich ein Wunder ist. Da geschehen sehr oft Dinge, die unmöglich scheinen.

Es gibt diese Kraft, die alles bewegt. Charlie Chaplin ermutigt in dem Film „Rampenlicht" die junge Balletttänzerin Thereza Ambrose, genannt Terry, die sich das Leben nehmen wollte. Sie konnte auf Grund einer rheumatischen Erkrankung ihren Beruf nicht mehr ausüben. So erschien ihr ihr Leben sinnlos. Chaplin ermutigte sie: „Es gibt diese Kraft, die den Wind wehen lässt.... Und diese Kraft ist auch in dir!"

Diese Kraft habe ich bei dieser ersten Chemoinfusion ganz besonders wahrgenommen. Doch diese Kraft wirkt rund um die Uhr. Sie ist immer und überall. Die Frage ist, können wir uns ihr öffnen?

Ich war auf jeden Fall unfassbar dankbar.

Nach jeder Chemo musste ich in zeitlichen Abständen noch verschiedene Medikamente einnehmen. Ich las mir keinen der Beipackzettel durch. Ich war einfach zutiefst entschlossen, dass ich nur die positiven Wirkungen der Tabletten erfahren würde. Oh ja, selbstverständlich hatte ich immer wieder mit Zweifeln zu tun, doch dann chantete ich oder ging in den Park spazieren.

Ich wohne in der Nähe des Schlosses Charlottenburg, in dessen Garten ein zauberhafter Teich liegt. Im Sommer blühen dort an mehreren Stellen weiße und rosafarbene Seerosen. Dieser Teich verzweigt sich weit in den Park und wird aus der Spree gespeist. Bei einem Spaziergang in diesem gut gepflegten Reich entdeckt man Schafe, Schwäne, Eichhörnchen, Enten, Gänse, Spatzen, Meisen, Biber, Kraniche und viele andere Tiere. Die Bepflanzungen mit wunderschönen Blumen, die von vielen Insekten umtanzt werden, und das saftig grüne Gras sind eine Augenweide.

Die Farbe Grün kann uns Kraft geben, denn sie zeugt vom Frühling. Unsere Sinne nehmen weit mehr wahr, als uns bewusst ist.

Bäume senden Botenstoffe aus, die unser Immunsystem stärken können. Auch der Sauerstoffgehalt ist in einem Park besser als in der Stadt. Besonders für Menschen mit einer Krebserkrankung ist Sauerstoff sehr wichtig.

Es ist ratsam, sich mit Atemübungen vertraut zu machen. Man sollte täglich, am besten im Grünen, wiederholt ganz tief einatmen und mit zusammen-gepressten Lippen langsam wieder ausatmen, bis alle Luft aus den Lungen herausgeströmt ist. Häufig atmen Menschen zu flach. Da ist Sport eine gute Methode, um das zu ändern. Doch auch das bewusste Atmen ist eine gute Übung, um generell mehr Sauerstoff aufzunehmen. Tumorzellen hassen Sauerstoff. Ebenso hassen sie Himbeeren, aber dazu später mehr.

Jedenfalls war ich noch nie so oft in diesem Park wie im Jahr 2020. Ich ging jeden Tag eine Runde und manchmal auch 2 bis 3. Täglicher Sport und lange Spaziergänge ließen mich fitter und fitter werden. Schon länger hatte ich mich nicht mehr so viel bewegt wie während der Chemotherapie. Völlig unerwartet spürte ich eine starke Kraft. Physisch und auch psychisch wurde ich immer agiler. Ich folgte meiner Leidenschaft zu fotografieren, arbeitete weiter an meinem neuen Musical „Drachenmädchen" und fing an zu schreiben. Ich suchte mir gute Bücher, schaute lustige Filme oder Naturdokumentationen an.

Worte, die wir lesen oder hören, sind wie Nahrung für unseren Geist und haben einen massiven Einfluss auf unser Wohlbefinden. Oft achten wir nicht genug darauf und schauen irgendeinen Blödsinn, sehen zum dritten Mal die Nachrichten. Es ist sicher wichtig, sich zu informieren, doch zu viele negative Informationen können unsere Stimmung Schritt für Schritt in den Keller ziehen.

Achtsamkeitstraining schärft das Bewusstsein dafür, wie man dem im täglichen Leben entgegenwirken kann.

Ich freue mich sehr darüber, dass es schon einige Schulen gibt, in denen dieses Training der Achtsamkeit Kindern angeboten wird. Die positiven Veränderungen bei den jungen Schülern und Schülerinnen sind offensichtlich.

Man kann diese Übungen auch als Geschenk an sich selbst verstehen: Zeit nehmen, um Schönheit und Faszination wieder mehr wahrzunehmen. Zeit nehmen, um sich selbst wieder mehr zu spüren.

Sicher gibt es gerade hierbei oftmals große Schwierigkeiten. Was, wenn da so viel ist, das weh tut? Ich habe in meinem Leben sehr viel erlebt, dazu gehören auch der viel zu frühe Tod eines geliebten Menschen, Lügen, Betrug und Mobbing. Bisher glaubte ich, dass ich das alles gut verarbeitet hätte. Was sicherlich auf eine Art stimmte, doch auf eine andere Art halt nicht genug. Ich spürte immer noch diesen Teil in mir, der weiterhin im Dunkeln lag. Was mir Mut machte, waren Menschen, von denen ich glaubte, dass sie diese Traurigkeit wahrlich überwunden hatten. Ich sagte mir immer wieder: „Ich werde das drehen!"

Und gerade eine Situation wie diese, in der ich doch ganz sicher das Recht hätte, zu leiden und zu zweifeln, trägt die potentielle Kraft eines Wandels in sich. Man kann in Extremsituationen vielleicht leichter „einen Schalter umlegen".

Wir alle haben Bereiche, die so lange im Dunkeln liegen, bis wir sie „erleuchten". Und das können wir in jedem Augenblick, ganz unabhängig davon in welcher Situation wir uns gerade befinden.

Berührt es uns nicht tief in der Seele, wenn Menschen dramatische Umstände nutzen, um etwas Besseres, Schöneres, Größeres aus ihrem Leben zu machen? Was steckt dahinter? Ist es einfach nur dieser tiefe Wunsch, glücklich sein zu wollen? Warum begegnen wir teilweise solch übermenschlich anmutenden Herausforderungen? Könnten sie sogar ein Geschenk sein? Könnte ich mich letztlich bei meinem Tumor bzw. bei meinem Brustkrebs bedanken?

Dr. O. C. Simonton sagt hierzu klar: ja!

Das ganze Leben ist auf Wachstum konditioniert und somit auch wir. Gerade in dem Prozess der Überwindung von Schwierigkeiten und Herausforderungen können wir unsere Lebenskraft extrem verstärken und an unseren Aufgaben wachsen. Wir weinen vor Freude, wenn wir Zeuge davon werden, wie ein anderer Mensch eine große Katastrophe meistert.

In diesen Momenten bekommen wir den Spiegel vorgehalten, wozu wir fähig sein können. Doch auch hier ist die Frage, ob wir uns dem öffnen.

Ganz egal, ob eine Diagnose „final" ist oder ob sie optimistisch ausfällt, wir müssen uns entscheiden, welche Position wir einnehmen wollen: Opfer oder Schöpfer.

Beide Wege sind nicht leicht. Für mich persönlich ist das lähmende Gefühl der Opferhaltung unerträglich. Sobald ich es immer und immer wieder geschafft habe, die „Schöpfer-Rolle" zu übernehmen, das heißt, wahrlich ein optimistisches „Jetzt" zu erschaffen, ging es mir so viel besser, und Dinge wendeten sich in eine positivere Richtung.

Wenn man gerade in einer Phase ist, in der man vor Tränen kaum noch atmen kann, ist es schwer, sich in eine glückliche Emotion hineinzuversetzen. Und das ist auch gar nicht nötig. Ein Zug, der gerade mit 100 km/h in die eine Richtung saust, kann nicht im nächsten Augenblick in die andere Richtung düsen. Die eigenen Gedanken langsam abzubremsen und schrittweise optimistischere Ideen zu entwickeln, ist eher möglich. Gerade, wenn man sich dabei ertappt, dass man schon wieder in einer eher negativen Gedankenspirale steckt, kann man den eigenen Lebenszustand Schritt für Schritt verbessern.

Es ist sicher auch mal gut, sich die eigene Vergangenheit anzuschauen. Doch sollte man achtgeben, dass man nicht in der Betrachtung der Negativität des Vergangenen versinkt. Ich glaube, dass da immer noch mehr Negatives auftauchen kann, wenn man sich darauf konzentriert. Ein Fass ohne Boden. Warum? Weil man seine Energie darauf lenkt.

So ist es auch mit dem Mitleid. Es hat einer anderen Person noch nie geholfen, wenn man sie bemitleidet. So wird auch kein anderes Wesen davon satt, wenn man mit ihm hungert. Es wird eher helfen, den Fokus auf einen etwas positiveren Gedanken zu lenken.

So habe ich auch schon mein Schmerzempfinden ausgetrickst. Meine liebe Freundin Anja gab mir einen Tipp: Wenn irgendwo im Körper Schmerzen sind, sollte ich mich auf eine Stelle konzentrieren, die sich wohl anfühlt. Tut zum Beispiel die Schulter weh, dann fokussiere vielleicht deine linke Wade. Fühlt sie sich gerade gut an? Spüre dort hinein. Dann gehe wieder zu der schmerzenden Stelle. Wiederhole diesen Prozess. Ich bin sicher, du wirst auch eine Veränderung bemerken.

Es ist in der Tat ein bisschen so, als würde man sich umtrainieren oder re-programmieren. Das Wundervolle an einer Meditation ist, dass wir in jedem Falle eine positive Richtung einschlagen. Es ist, als würde das natürliche Programm des Lebens immer auf Heilung und Harmonie ausgerichtet sein. Und wir müssten uns dem nur einfach wieder öffnen und den ganzen Ballast an negativen Erfahrungen und den damit verbundenen Emotionen loslassen. Jede Methode, die hilft, hat ihre Berechtigung. Ob man einem rauschenden Bach lauscht oder sich ganz und gar auf das Geräusch einer Heizung konzentriert, was auch immer das eigene Kopfkino unterbricht, ist hilfreich.

Wenn wir bei all dem an Ursache und Wirkung denken, dann könnte man sich fragen, ob man denn nun selbst schuld an der ganzen Misere sei. Hat man sich da vielleicht selbst in die Erkrankung gelenkt? Ich denke, dass diese Frage nicht zielführend ist. Was will ich? Gesund werden, ist doch klar! Wirklich? Ja, sicher ist das klar!! Wirklich? Aber hallo, was soll denn diese Frage?!

Was mache ich denn mit der ganzen Gesundheit, die ich mir da wünsche? Ich leide ja nur, weil ich so krank bin! Wirklich? Schauen wir an diesem Punkt nochmal auf Ursache und Wirkung. Könnte die Möglichkeit bestehen, dass ich mich durch meine Gefühle, woher diese auch immer gekommen sein mögen, in eine Erkrankung manövriert habe? Dann kann ich da auch wieder raus!

Im Buddhismus Nichirens heißt es, dass der Ausbruch einer Krankheit schon die Heilung ist.

Wow, warte mal, es gibt aber doch Menschen, die an ihrer Erkrankung sterben?! Ja, doch der buddhistische Gedanke, dass unsere Leben unendlich sind und nicht mit dem Tod enden, sondern der

Tod nur eine Phase ist und das Leben das Ganze, lässt das alles in einem anderen Licht erscheinen.

Konzentrieren wir uns auf das „Warum?", dann richten wir uns auf die Vergangenheit aus. Schauen wir stattdessen auf das, was wir ab jetzt sofort ändern und verbessern können, schlagen wir unweigerlich eine positivere Richtung ein und setzen eine neue Ursache. Das mag vielleicht nicht auf Anhieb gelingen, doch Übung macht den Meister und die Meisterin.

Den Zustand der Meditation kann man zum Beispiel auch beim Golfen, Rappen, Singen oder Malen erreichen. Egal wie, es ist unsere innere Haltung. Und wichtig ist, so wie es Dr. Simonton vermittelt, dass man konkrete Ziele oder Visionen für die Zeit hat, in der man genesen sein wird.

„Ja, klar, ich will meine Kinder versorgen und dies und das...". Achtung, hier geht es ganz allein um dich. Denke dir etwas aus, das dir pure Lebensfreude bedeutet. Es mag ein kurzer Augenblick sein. Vielleicht magst du von einer Robbe geküsst werden?

Als ich wegen eines doppelten Bandscheibenvorfalls halbseitig gelähmt war, erkannte ich, dass ich nur noch funktionierte. Ich hatte gar keine Wünsche mehr, und das schockierte mich. Irgendwie lief da ein Unterprogramm ab, das mir sagte, dass ich letzten Endes sowieso nicht glücklich sein würde. Und somit kam mir auch nichts in den Sinn.

Ich setzte mich vor den Gohonzon, so nennt man die Schriftrolle, die Nichiren für die Ausübenden dieser Philosophie eingeschrieben hatte, und chantete. Nach einiger Zeit dachte ich: „Das kann doch nicht sein?! Ich muss doch einen Wunsch haben!" Mir wurde klar, dass ich gerade meinen ersten Wunsch formuliert hatte.

Ich hatte den Wunsch, einen Wunsch zu haben!

Da löste sich ein Knoten in mir, und die Wünsche flossen ganz von allein aus meiner Feder aufs Papier.

Mein erster Wunsch: „Ich will von einer Robbe geküsst werden!" „Waaaas?" „Ja, lach' nicht."

Das Schöne dabei ist, sich wirklich keinen Kopf darüber zu machen, wie das eigentlich verwirklicht werden sollte. Einfach nur wünschen.

Ich habe in der Tat nichts aktiv dafür getan, dass ich von einer Robbe geküsst würde.

Eines Tages lud mich eine Freundin ein, mit ihr nach Spanien zu fliegen, um ihre Mutter und ihren Bruder zu besuchen. Es war Nebensaison und daher sehr ruhig. Wir besuchten den Pueblo Park, einen Zoo mit viel Freigehege. Es waren kaum Besucher da. Völlig unerwartet gab es hier Seehunde, die gerade von einem Trainer kleine Kunststücke beigebracht bekamen. Ich ging an den Beckenrand und zu meiner Überraschung kam ein wunderschöner Seehund direkt auf mich zu. Er stellte seine Vorderflossen auf einen kleinen Sims am Beckenrand und schaute mich an. Ich war so voller Freude und fragte mich mit Besorgnis, was, wenn er mich nun küssen würde? Ich bin doch leicht erkältet. Was wenn er sich ansteckte? Doch der wundervolle Seehund wandte sich zu seinem Trainer um, der seinerseits mit dem Kopf nickte und so dem Tier sein OK gab. Der Seehund drehte sich wieder zu mir und küsste mich auf mein Herz. Zum Glück gab es damals schon Handys mit Kamera. So hatte meine Freundin diesen wundervollen Moment in einem Foto festhalten können.

Kapitel 3

Unerwartete Unterstützungen:
Suppe, Turbane und heilendes Herz

Wünsche… auch hier ist unser Herz entscheidend. Es bringt uns nichts, wenn wir Wünsche hegen, die uns eher noch trauriger werden lassen, weil wir an deren Erfüllung nicht glauben können. Vielleicht versucht man sich auch ständig Strategien auszudenken, wie man seine Ziele erreichen könnte. Dabei ist die Energie allerdings meistens auf die Abwesenheit des Erwünschten gerichtet. Und so fühlen wir oft nur die Traurigkeit darüber, dass sich das Ersehnte noch nicht erfüllt hat.

Ich habe so oft erleben dürfen, dass das Wichtigste die Ausrichtung des eigenen Herzens ist. Spürt man tendenziell eher Leid, Zweifel und Hoffnungslosigkeit, Lethargie, oder beklagt man sich ständig? Mein „energetisches Herz" kann nur ich selbst wiederbeleben. Wenn ich spürte, dass ein Wunsch mich nur tiefer in die Zweifel rutschen ließ, dann war es Zeit, den Verstand mal wieder zu „resetten".

Arbeite an deinem Wohlgefühl. Denke nicht an den Wunsch oder wie er sich verwirklichen könnte. Du hast ihn geäußert, und nun lass' ihn los. Es sei denn, du hast schöne Emotionen durch deine Gedanken an die Erfüllung deines Wunsches. In diesem Fall spring' hinein in deine Fantasie. Bade dich geradezu in ihr. Rieche, schmecke, fühle und spüre hinein. Solltest du jedoch negative Gefühle haben, dann sofort: „Stopp!".

Ist es gerade jetzt zu schwierig, dir vorzustellen, wie du in völliger Gesundheit über eine grüne, mit Wildblumen bewachsene Wiese springst, dann versuche, deinen Verstand wieder zu leeren. Konzentriere dich zum Beispiel auf ein konstantes Geräusch oder lenke dich anderweitig ab. Das wird deinen Fokus wieder in eine positivere Richtung lenken. Negative Gedanken und Zweifel werden zerstreut.

Es war für mich wichtig zu verstehen, dass meine Hauptaufgabe darin lag, mich wohlzufühlen. Mich wahrzunehmen. Das war ein längerer Prozess. Ich konnte teilweise gar nicht genau sagen, wie ich mich fühlte. Doch mehr und mehr gelang es mir, negative Gedankenprozesse schneller zu erkennen und einfach abzuwenden.

Die beste Medizin ist Hoffnung, Vertrauen und ein unerschütterliches glückliches Selbst zu erschaffen. Das hat so überhaupt gar nichts mit Egoismus zu tun, sondern mit einer gesunden Haltung zu sich selbst.

Ich trainierte mich, stärker zu vertrauen. Und je mehr ich vertraute, desto häufiger geschah Positives.

Aber was, wenn man schon so oft und immer wieder enttäuscht wurde? Dann ist es unbedingt erforderlich, noch tiefer zu vertrauen und zwar in das eigene Glückspotential. Entscheidend ist auch, dass man den Mut hat, die eigenen Glaubenssätze zu hinterfragen. Sind diese für mein Wohlbefinden förderlich oder eher hinderlich?

Grün
bedeutet für mich:
Frühling,
Hoffnung,
Anfang.

Gedicht des Lichtes

„So, jetzt fange ich an!"
Man erhebt sich voller Kraft.
Das Herz inszeniert es.

Und schon im nächsten Moment sieht man sich
in der Sackgasse gefangen.
Auch das eine Inszenierung des Herzens.
Nichts kann helfen!
Es ist aus, so glaubt man.
Wieder ein teuflisches Spiel des eigenen Herzens.

Es existiert keine Realität außerhalb des eigenen Herzens.

Reichtum und Armut, Glück und Unglück sind alle
Inszenierungen des Herzens.
Wer das Glück sucht, muss deshalb versuchen,
sein eigenes Herz zu ändern.
Wer das eigene Herz zu ändern vermag, ist schließlich
das wahre Selbst.

Schau Dir den Himmel an!
Er mag zwar mit dunklen Wolken verhangen sein,
aber dahinter strahlt er blau und klar,
und Sterne schmücken die Nacht.
Blase deshalb die dunklen Wolken im Herzen beiseite!
Blase sie weg.

Der Wind bewegt die Wolken.
Es gibt eine Kraft, die den Wind entstehen lässt.
Es gibt auch die Energie,
die alle Dinge in Bewegung setzt.

Solltest Du vom Leid erfüllt sein, ist dennoch
diese grenzenlose Kraft tief in Dir immer aktiv.
Dies zu entdecken, diese Kraft zu erwecken, ist das wahre Glück.

Solltest Du gebeugt von Kummer
mit gesenktem Kopf
durchs Leben gehen,
beschützt Dich der wunderschöne, unendlich weite Himmel.
Der Blick für die Ewigkeit ist der wahre Glaube.
Schau deshalb nicht nach unten!
Halte den Kopf hoch!

Das chinesische Schriftzeichen „nen" von „ichi-nen"
setzt sich zusammen
aus den Worten
„jetzt" und „das Herz".
„Nen" bedeutet das jetzige Herz.

Die Frage ist,
was im jetzigen Himmel des Herzens inszeniert wird?

Daisaku Ikeda

Präsident der Soka Gakkai International[6]

Ich hatte mich entschlossen, alle Gefühle zu betrachten, bei denen ich mich unwohl fühlte. Wie sehr man an sich herumnörgeln kann..., wie oft man limitierende Gedanken über sich zulässt..., das ist genauso toxisch, als würde man immer ein bisschen Arsen im Essen haben. Nach einer Weile ist man von all den schlechten Gedanken vergiftet. Es sind nicht die großen, negativen Gefühle, sondern die permanenten, leisen, grundlegenden Gedanken, die unsere energetische Basis ausmachen.

Gerade am Morgen ist es mir wichtig, mich nicht von der Welle subtiler Emotionen aus einem potentiell wundervollen Tag spülen zu lassen. Mich wahrzunehmen und den Fokus auf das weiche Kopfkissen zu lenken und Dankbarkeit zu empfinden für alles, was mir gerade einfällt, hilft.

Vielleicht denkt man ja: „Aber ich war doch glücklich, bevor ich erkrankte und wäre es auch wieder, wenn ich gesund wäre!" Doch stimmt das? War ich wirklich glücklich gewesen?

Ich bin meinem Tumor dankbar. Er hat mich noch einmal auf eine andere Ebene katapultiert. So als würde der Körper auf den Tisch hauen und sagen: „Hey, schau hin, dein Leben hat dir noch viel mehr zu bieten!"

Ach ja? Mir fallen aber gerade die Haare aus!

Erinnere dich: Gift in Medizin verwandeln!

O.k., wie kann ich dem Haarausfall etwas Positives abgewinnen?

Na ja, ich kann aus dem Abschneiden meiner Haare vielleicht andere ermutigen.

Während der Chemo kann man durch eine Kühlhaube versuchen, die Haarwurzeln zu schützen, sodass die Haare nicht ausfallen.

Ich hatte das gar nicht erst versucht, denn ich litt unter Migräne und daher kam Kälte für mich nicht in Frage. So wurden meine Haare immer dünner. Silvia, unsere Kostümbildnerin von „namu", hatte ihre Freundin Antje, die Maskenbildnerin am Friedrich-Stadt- Palast ist, gefragt, ob sie mir die Haare kürzen würde. Über diese Aktion beschloss ich, ein Video zu drehen. Ich wollte als Schmetterling APONI diese Transformation mit Kindern teilen, die auch ihre Haare durch eine Chemo verlieren würden. Es sollte leicht und fröhlich sein. So machte Antje mir viele kleine Zöpfe, mein Kopf glich einem Igel. Dann - schnipp schnapp - Haare ab. Nun hatte ich eine sehr schicke Kurzhaarfrisur. Ich wollte mir nicht gleich eine Glatze rasieren lassen. Wenn kurze Haare ausfallen, fühlt es sich nicht so tragisch an, als wenn lange Büschel in der Dusche liegen.

Das Video wurde toll. Inzwischen hat es auch schon Kinder ermutigt, die diese Erfahrung teilten. Wir haben das Video auf unsere Vereinsseite[7] gestellt. Dort gibt es einen Bereich, den wir speziell für kranke Kinder in Krankenhäusern und Hospizen kreiert haben. Das „APONI Baumhaus" hat acht verschiedene Baumhäuschen, in denen die Kinder viel entdecken können. Sie finden Bastelanleitungen, können Beatboxen lernen, lustige Videos schauen, das APONI- Malbüchlein und -Musical kostenlos herunterladen und einiges mehr.

Ich steckte gerade mitten in der Produktion des Drachenmädchen-Musicals, als, für uns alle unerwartet, eine weltweite Corona-Pandemie ausbrach. Zudem bekam ich Brustkrebs. Wir wollten eigentlich 2020 das Musical live aufführen. Es war als Workshop für Menschen mit und ohne Behinderung gedacht. Die Themen sind Mobbing, Diskriminierung, Ausgrenzung, Glück und Gemeinschaft.

Ich hatte die große Freude, für dieses Projekt eine Förderung der „Aktion Mensch" zu erhalten. Und nun das.

Mein Bruder hat eine IT-Firma, die international agiert und Fachkongresse mit der benötigten Technik ausstattet und betreut. Ich sagte ihm, dass es sicher auch eine Chance sein könnte, nun schnell zu handeln und die Kongresse, die sie veranstalteten, online anzubieten. In der darauffolgenden Nacht dachte ich, warum mache ich das nicht so? Diese Pandemie wird sicher einige Zeit dauern. Wir könnten doch auch die Kinder in den Kliniken online erreichen. So fragte ich bei „Aktion Mensch" an, ob ich Gelder umwidmen dürfte. Dies war gar kein Problem. So bauten wir im Team eine wundervolle „namu" Home Page. Wir hatten regelmäßige Zoom Meetings und viel Freude dabei. Ich war so unendlich glücklich, dass ich trotz allem weiterhin kreativ arbeiten konnte.

Es gab auch weiterhin Kostümproben. Silvia kreiert unsere Kostüme mit wundervoller Leidenschaft und achtet auf die kleinsten Details. Es ist einfach eine wahre Freude, mit tollen Menschen arbeiten zu dürfen.

Silvia ist auch Hutmacherin. Sie fragte mich, ob sie mir ein paar Turbane machen dürfe. Das hatte mich sehr gefreut. Sie erschuf ganz außergewöhnliche Kreationen an Kopfbedeckungen. Dabei verwendete sie alte Halstücher und Stoffe, die ich noch hatte.

Kyle und Christopher schenkten mir eine blonde Echthaarperücke. Das fühlte sich alles an wie Weihnachten. So viel Mitgefühl!

Und dann überkommen dich wieder die Momente von absoluter Verunsicherung. Man sollte dies nicht mehr essen, das nicht mehr trinken, nur noch jenes tun und alles andere lassen. Gerade bei dem Thema Ernährung kann man da sehr verunsichert werden.

Nuriye hatte vor vielen Jahren selbst eine Krebserkrankung, die sie fast ihr Leben gekostet hätte. Doch sie war fest entschlossen zu siegen. Sie hatte Kinder und daher einen starken, suchenden Geist, um etwas zu finden, was ihr helfen würde. Sie traf in den Staaten auf den japanischen Ernährungswissenschaftler Michio Kuchi. Er unterrichtete sie in der Kunst der Makrobiotischen Nahrungszubereitung. Als allererstes gab er ihr das Rezept für eine Suppe. Dieses Rezept teilte Nuriye nun mit mir. Sie sagte, dass ich keinerlei Übelkeit verspüren würde und diese Suppe überaus heilsam sei. Sie stellte eine Art „Brustkrebs-Diätprogramm" für mich zusammen. Seinerzeit hatte sie sich sehr strikt an die Anweisungen von Herrn Kuchi gehalten.

Mein Bauchgefühl vertraute ihren Ratschlägen. Ich trank diese Suppe täglich und hatte nicht einen Moment der Übelkeit oder Sodbrennen. Ganz im Gegenteil, mein Magen fühlte sich oft so an, als wären da Schmetterlinge am Werk. So ein leichtes Jucken, als würde etwas heilen. Ich hatte zuvor eine chronisch atrophische Antrumgastritis und konnte Vitamin B12 nicht gut aufnehmen. Auch litt ich oft unter Eisenmangel. Nach fast einem Jahr Suppenkur kann ich nur sagen, dass mein Magen B12 wieder aufnimmt und auch mein Eisenspiegel im grünen Bereich ist.

Makrobiotische Suppe nach Herrn Michio Kuchi

Zutaten:
Kuzu/Kudzu (eine Heilpflanze aus Japan, eine wilde Weinart)
Umeboshi (salzig eingelegte jap. Aprikose)
Sojasauce

Zubereitung:
2 Tassen Wasser im Topf kochen
1 Teelöffel KUZU in eine Tasse kaltes Wasser einrühren
Dann in den Topf mit kochendem Wasser geben
1 Teelöffel Sojasauce hinzufügen
1 Umeboshi Aprikose gequetscht dazugeben,
umrühren bis es leicht aufschäumt. Fertig.

Anwendung:
Morgens und mittags:
jeweils ½ Stunde vor dem Essen 1 Tasse trinken.
Abends:
ca. 2 Stunden nach letzter Mahlzeit 1 Tasse vorm Schlafen trinken.

ACHTUNG:
Laut Verbraucherzentrale sollte man Kuzu wegen vorhandener Wechsel-wirkungen nicht nehmen, wenn man Medikamente gegen Diabetes, Tamoxifen (gegen Brustkrebs) oder Methotrexat (gegen rheumatische Arthritis) bekommt.

Als Diabetiker muss man beachten, dass der Blutzuckerspiegel positiv be-einflusst werden kann. Kuzu kann auch wie ein Blutdrucksenker wirken, daher den Blutdruck beobachten und gegebenenfalls nur abends trinken.

Die Suppe wirkt auch lindernd bei Beschwerden in den Wechseljahren. Während der Chemotherapie bewahrte sie mich vor Übelkeit, Magen- und Darmbeschwerden und nächtlichem Schwitzen.

Ich ernährte mich zwar nicht streng makrobiotisch, doch ich lernte sehr viel darüber, wie man Lebensmittel schonend zubereitet und so die wichtigen Nährstoffe erhält. Das Ganze schmeckte auch noch viel besser. Ich bereitete dreimal täglich warme Speisen für mich.

Meine Freundin Sabine ist Allgemeinmedizinerin mit Spezialisierung auf TCM (Traditionell Chinesische Medizin). Sie hatte mir schon vor der Erkrankung geraten, mich ausschließlich warm zu ernähren, da ich einen Milz-Qi-Mangel hatte. Morgens machte ich mir einen Brei und manchmal auch das Mittagessen vom Vortag warm. Es ist sehr Kraft spendend, wenn man morgens etwas Warmes und Salziges zu sich nimmt, eine Suppe mit Reis und Brokkoli zum Beispiel.

Als Teenagerin litt ich sehr unter Akne. Gerade im Tanzunterricht war es oft eine Qual, in den Spiegel zu schauen. Egal wie viel Make-up ich auf mein Gesicht packte, nach einiger Zeit war alles runtergeschwitzt und meine Haut knallrot mit furchtbaren Pusteln übersät. Ich tröstete mich immer damit, dass das ja irgendwann einmal vorbei sein musste. Es wurde zwar etwas besser, doch meine Haut neigte weiterhin zu Entzündungen. Während der ersten Hälfte der Chemotherapie bekam ich eine so reine und seidige Haut wie nie zuvor. Ich konnte mein Glück kaum fassen. Ich dachte, dass es sicher an den Medikamenten lag. Fehlanzeige, ein Test mit der mir sonst üblichen Ernährung zeigte schnell, dass die Entzündungen zurückkommen, wenn ich Zucker oder Weißmehl verspeiste. Was für eine Erkenntnis. Das hätte ich viel früher haben können. Doch diesen Hinweis hatte ich von Hautärzten nie bekommen. Eine Ärztin führte ein Chemisches Peeling durch, von dem ich Falten auf der Stirn bekam. Ein anderer Arzt wollte mir

Medikamente verabreichen, deren Nebenwirkungen eine Sterilität mit sich bringen konnten, was ich ablehnte.

Dabei reichte einfach nur eine Ernährungsumstellung. Zwar hatte meine Mutter mich wohl öfter darauf hingewiesen, dass Zucker nicht förderlich für mich war, doch man war halt eine Teenagerin... Ich esse jetzt zwar wieder ab und zu etwas Süßes, doch generell sind meine Geschmacksnerven sensibler geworden. Die meisten Süßigkeiten sind mir einfach viel zu süß! Ich achte auf gute Qualität und süße etwas mit Kokosblütenzucker. Der hat ein fantastisches Aroma und gute Inhaltstoffe. Wenn ich mal wieder, wie an Weihnachten und so..., über die Stränge schlage, bekomme ich die Quittung in Form von Pickelchen im Gesicht. Wann immer ich mich also wieder wie eine Teenagerin fühlen möchte... esse ich das, was mir eigentlich sowieso nicht mehr wirklich schmeckt.

Frische Himbeeren haben eine sehr leckere Süße. Da braucht es nicht auch noch Industriezucker oben drauf. Und Krebszellen hassen Himbeeren! Darüber wurde auch schon ein Buch geschrieben. Himbeeren enthalten Ellagsäure. Diese verhindert die Entartung von Zellen und hilft auch, entartete Zellen zu vernichten. Proanthocyanidine wirken auch gegen Krebszellen. Grüner Tee enthält auch noch mehr Stoffe als die hervorragenden Antioxidantien, die unseren Körper unterstützen.

Ich war anfangs so verunsichert von den vielen Ratschlägen. Es fühlte sich nicht an wie „Ratschläge", sondern eher wie Drohungen. „Wenn du dies nicht machst, oder das tust, dann...!" So hielt ich mich gerade in den ersten 10 Monaten sehr konsequent an die makrobiotische Ernährung. Später allerdings hatte ich das Gefühl, dass mir etwas fehlen würde, und so adaptierte ich meinen Speiseplan.

Ich habe in dieser Phase meines Lebens wieder gelernt, genau hinzuschauen, hineinzuspüren und zu fühlen. Und das in allen Bereichen. Bei der Ernährung zeigt mir meine Haut sehr schnell, was gut für mich ist und was nicht. Auch habe ich Trigger für meine chronische Sinusitis und Migräne gefunden. Kaffee! Oh je!! Warum ausgerechnet Kaffee?! Ich trinke ihn seit meiner Kindheit und nun c'est la vie. Aber ich verzichte denn dann doch sehr gerne auf etwas, wenn es mich vor einer Migräne schützt. Seit der Chemo habe ich keine Migräne und keine Sinusitis mehr! Fange ich an, übermäßig dunkle Schokolade zu essen und Kaffee zu trinken oder Weißmehlprodukte zu verzehren, spüre ich, wie dieser Prozess langsam wieder in Gang kommt. Ich kann ab und zu gerne mal ein Tässchen Kaffee trinken, aber halt nicht an jedem Tag.

Grüner Tee und Weißer Tee sind meine neue Leidenschaft. Lecker und gesund. An jedem Morgen.

Einmal, als ich in Ägypten abends einen Auftritt hatte, ich war als Sängerin im Sheraton Soma Bay engagiert, trank ich ein kleines Kännchen frischen Pfefferminztee. Der Kellner schmunzelte, doch ich zollte dem keine Beachtung. Ich dachte nur, dass es meiner Stimme guttäte. Am nächsten Morgen, ich hatte kaum geschlafen, fragte mich derselbe Kellner, wie denn meine Nacht gewesen wäre. Ich murmelte mit halb offenen Augen: „Kurz!" Er lachte und entgegnete: „Kein Wunder!" Ich fragte ihn warum? Er erklärte mir, dass Pfefferminztee mindestens genauso stark sei wie ein starker Kaffee. Man lernt nie aus.

Gerade in der Anfangszeit nach der Diagnose bekam ich viele gut gemeinte Ratschläge. Das forderte mich noch mehr heraus, wieder auf mein eigenes Bauchgefühl zu hören.

Ich lernte wieder meinen Körper und seine Gefühle zu spüren. Das war für mich eine riesige Herausforderung. Auf Grund des Immundefektes und des damit verbundenen CFS (Chronischen Fatigue Syndroms) sollte ich unbedingt lernen, Pausen zu machen, bevor ich an meine Grenzen käme. Ich spürte aber überhaupt nicht mehr, wann meine Grenzen erreicht waren. Ich merkte immer erst, wenn es zu spät war und ich in diese sehr unangenehme Erschöpfung fiel und wusste, dass ich mal wieder übertrieben hatte. Das Schwierige daran war, dass es mir jeden Tag anders ging. An einem Tag konnte ich 15 Minuten spazieren gehen und an einem anderen eine Stunde.

Gesine gab mir den Tipp, weit vor meinen Grenzen eine Pause einzulegen. Ich sollte dahin kommen, dass ich konstant in einem „Wohlfühllevel" bleibe.

Wohlfühllevel? Wie fühle ich mich eigentlich? Und wie genau fühlt sich Wohlfühlen an?

Wenn mich jemand fragte, wie ich mich fühlte, dann wusste ich oft nicht genau, was ich sagen sollte. Nicht gut und nicht schlecht. Ich schaute während der Chemotherapiezeit noch genauer hin, wenn ich diese Frage gestellt bekam.

Yoshi antwortete immer mit: „Es geht mir gut, danke. Es geht mir hervorragend!"

Sollte ich vielleicht auch einfach sagen, dass es mir gut geht? Sozusagen als Ursache? Ich probierte es und hatte damit arge Probleme. Also gab es nur den einen Weg.

Ich musste dafür sorgen, dass es mir wirklich gut ging. Ich wollte mal erleben, dass ich frei heraus sagen konnte: „Mir geht es richtig gut!"

Während der Chemo fühlte ich mich tatsächlich oft sehr gut. Doch fragte ich mich manchmal selbst, ob das sein konnte? Zudem war ich auch nicht gerade glücklich verliebt. Noch eine große Baustelle...

Ich schob so manches Mal mein Wohlgefühl auf die Medikamente. Doch dann dachte ich wieder, dass ich mir das aber auch gerade alles erarbeitete. Ich hatte mir ja auch gesagt, dass ich mir die Gefühle von Leid und Trauer nur wohl portioniert und sehr bewusst leisten konnte.

Bitte nicht falsch verstehen. Es ist wichtig, zu trauern und auch mal zu leiden. Wenn diese Gefühle aber permanent im Verborgenen wirken, dann ist es Zeit, sie zu ändern. Was heißt für mich also „wohlfühlen"? Wow. Ich merkte, dass ich mir das wirklich und wahrlich erarbeiten sollte.

So wie ich den Industriezucker aus meinem Speiseplan gestrichen hatte, so versuchte ich auch die Gefühle von Leid, Trauer und Zweifel zumindest für einige Zeit aus meinem Gefühlsleben zu verbannen. Sicher war das etwas schwieriger als der Verzicht auf Zucker, denn diese Gefühle haben ja gerade die Eigenschaft, wie eine Welle über einen zu kommen und einen in die Opferrolle zu drängen.

Man konnte natürlich sagen, dass ich auch wirklich genug Schlimmes erlebt hatte und dass Leid und Trauer ja ihre Berechtigung hätten. Ich war aber der Meinung, dass ich schon genug gelitten hatte. Ich wollte nicht noch mehr meiner kostbaren Lebenszeit an diese Emotionen geben. Also trainierte ich täglich: „Was fühlt sich für mich wohl an?"

Ich glaube, dass wir uns in die verschiedensten Gefühlswelten hinein entwickeln oder vielleicht sollte ich eher sagen hinein „verwickeln"?!

Meist geschieht das unbewusst. Vielleicht erlebt man ein latentes Unwohlsein, dabei ist eigentlich alles in Ordnung. Wenn man es genau nimmt und intensiver hineinfühlt, stellt man vielleicht sogar fest, dass das Gefühl gar nicht so negativ ist. Fühlt es sich vielleicht sogar eher positiv an?

Es gilt also, wirklich einmal diesen Keller zu entrümpeln und aufzuräumen. Vielleicht sind ja da auch noch ein paar Schätze verborgen, die ganz unerwartet zum Vorschein kommen.

Ein wahrer Schatz ist die Liebe zu sich selbst. Leider ist sie uns nicht genug beigebracht worden, denn in der westlichen Welt scheint die Selbstliebe etwas verpönt. Doch das ist ein wahrer Trugschluss. Sich selbst etwas zu schenken oder Blumen zu kaufen oder ein leckeres Essen zuzubereiten fällt alles unter die Überschrift Selbstliebe. Und das hat ganz viel mit wahrer Freude und wahrem Glück zu tun. Ich habe erkannt, dass es auch mehr darum geht, „Liebe zu sein" und sie durch einen selbst lebendig werden zu lassen.

Während einer Chemotherapie gab es die Gelegenheit, etwas Unerwartetes zu tun. Susanne hatte einen runden Geburtstag. Der gefliese Raum, in dem wir waren, hatte zumindest eine gute Akustik. Und so sang ich ihr, am Tropf hängend, mit Gitarren-Begleitung vom Handy „What a wonderful world" vor. Ich werde nie die Gesichter der anderen Patientinnen vergessen. Was Musik bewegen kann, kommt der Energie von „Glauben" nah.

Anschließend wartete ich unten auf der Straße auf Michael. Er ist ein guter Freund und von Beruf Taxifahrer. Er fuhr mich fast zu jedem Behandlungstermin, was überaus angenehm war, denn Michael ist absolut zuverlässig. Ich wusste immer, dass er schon 5 Minuten vor der Zeit unten stand und mit dem Taxi auf mich wartete. Eine wundervolle Unterstützung war auch, dass er all die Abrechnungen mit der Krankenkasse abwickelte.

An einem Tag fuhr er mich früher zum Termin und ich dachte mir, warum nicht mal einen Kudamm-Bummel genießen. Es gab dort einige schöne Geschäfte. So kaufte ich mir ein Lavendelduftspray für mein Kopfkissen bei L'Occitane en Provence und bekam als Neukundin auch noch gleich Willkommensgeschenke. Ich freute mich wie eine Schneekönigin. Das sagt man doch so? Dabei weiß ich wirklich nicht, wie sich eine Schneekönigin freut…

Ich nahm mir vor, mich bei jedem weiteren Behandlungstermin zu beschenken. Einmal gönnte ich mir ein paar Mützen bei RO-ECKL und ein anderes Mal ein leckeres, glutenfreies Brot von der Bäckerei in der Fasanenstraße. Wann immer es zeitlich passte, beschenkte ich mich. Wenn es sich zeitlich nicht einrichten ließ, surfte ich im Internet. Es ging um Kleinigkeiten, Aufmerksamkeiten. Es ging darum, achtsam und liebevoll mit mir umzugehen. Das strahlte ich auch aus. Ich fühlte mich wohl in dieser Zeit.

Unerwartetes kann ja so schön sein.

Eines Nachmittags klingelte es an meiner Haustür. Ich wurde durch die Gegensprechanlage gebeten, aus dem Fenster zu schauen. Da standen Yette, Erald und Annika mit Ukulele auf dem Hof und sangen mir ein Ständchen. Mir liefen die Tränen über das Gesicht. Solch eine Überraschung hatte ich noch nie erlebt.

Ich zog meine Schmetterlingsflügel an und rannte hinunter. Ich wollte diesen Moment einfach auf einem Selfie festhalten und ihnen beim Bedanken in ihre Augen schauen.

Das war so ein Moment, den ich gerne hervorheben mag. Er zeigt, dass man sich viel öfter Gedanken machen könnte, wie man anderen eine Überraschung oder Freude bereitet. Gerade in schweren Zeiten ist das eine wundervolle Medizin.

Die drei sind auch Mitwirkende unseres Vereins. Gemeinsam singen und spielen wir für schwer kranke Kinder in den Kliniken. Nun konnte ich selbst erleben, wie das war. Einfach toll!

Eines Tages musste mein Herz wieder untersucht werden. Nach dem GLS-Echo war der Arzt recht verblüfft. Anstatt der befürchteten Verschlechterung konnte er klar eine Verbesserung erkennen. Das war für ihn und für mich absolut unerwartet. Ein Messfehler war ausgeschlossen. Was für eine Freude! Es schien fast so, dass mein Herz immer gesünder wurde, je mehr ich mich um mein Wohlgefühl kümmerte.

Im August 2015 hatte mein Herz immer wieder Aussetzer. Eines Morgens fiel ich ganz plötzlich in der Küche einfach um. Ich stand zwar gleich wieder auf, war aber noch benommen. Was war da gerade mit mir passiert? Ich rief Marcella an. Sie kam sofort und brachte mich ins Krankenhaus. Dort begleitete sie mich wundervoll und wich nicht einen Millimeter von meiner Seite. Alle dachten, was soll mit der Frau sein? Sie strahlt übers ganze Gesicht und scheint fit. Doch der Schein trog. Mein Herz hatte immer wieder Aussetzer von ca. 6 Sekunden. Der Chefarzt erklärte mir, dass ich einen Herzschrittmacher bräuchte und man mich gleich auf die Intensivstation bringen würde.

Bitte wie, was?! Ich sagte, dass sie mir doch einfach eine Tablette geben sollten, dann ginge ich wieder nach Hause. Nix da. Am nächsten Morgen wurde mir der Herzschrittmacher implantiert.

Mit diesem lebte ich nun also schon seit fünf Jahren. Ich spürte fast immer, wenn er zum Einsatz kam. In dieser Hinsicht bin ich sehr feinfühlig.

Und nun wurde mein Herz auf einmal besser trotz kardiotoxischer Chemo? Doch auch bei der nächsten Untersuchung zeigte sich eine weitere Verbesserung: Reinere Haut, fitteres Herz, was würde da noch kommen? Ich freute mich sehr.

Nur auf der anderen Herzbaustelle „Liebe" zeichneten sich dunkle Wolken ab. Es war kurz vor Ende der ersten Therapiehälfte. Ich spürte, wie der Mann, der mir so viel bedeutete, sich zurückzog. Er hatte selbst viel durchgemacht und einen extrem fordernden Beruf. Wir waren gar nicht richtig „zusammen", wenn man dieses Label benutzen möchte, doch die Verbundenheit, die ich spürte, war sehr tief. Wir waren in den letzten drei Jahren bei einigen Herausforderungen füreinander dagewesen und hatten fast täglich Kontakt. Doch auf einmal... zwei Monate Pause. Keine einzige Nachricht. Nun verließ mich meine Hoffnung. Traurigkeit hielt mit Pauken und Trompeten wieder Einzug in meinen Gefühlsgarten. Es verwunderte mich daher überhaupt nicht, dass ich auf die zweite Hälfte der Chemotherapie allergisch reagierte. Mein Gesicht und Körper waren übersät von Pusteln. Es war wohl ein Trägermittel, worauf ich reagiert hatte. Doch ich wusste, dass das nur geschehen war, weil ich unter Zurückweisung litt. Nun wollte auch noch die Angst wieder in mein Herz. Doch dann spürte ich Wut und sagte: „Nein, stopp! Du kommst hier nicht rein!"

Ich chantete wieder intensiver, und wir änderten die Rezeptur der Chemo. So konnte es weiter gehen. Nur leider brauchte meine Haut sehr lange, um wieder zu strahlen.

Jedes unserer Gefühle hat aus buddhistischer Sicht positive und negative Eigenschaften. Sie werden im Buddhismus Nichirens als die zehn Lebenszustände oder zehn Welten bezeichnet. Sie werden eingeteilt in:

1. **die Welt der Hölle,**
   einem Zustand unbeschreiblichen Leidens,
2. **die Welt des Hungers,**
   in dem unsere Begierden vorherrschend sind,
3. **die Welt der Animalität,**
   in der uns der Instinkt steuert.
4. **die Welt des Ärgers,**
   einem Zustand extremer Egozentrik,
5. **die Welt der Ruhe,**
   in der Friedlichkeit und Gelassenheit vorherrschen,
6. **die Welt der vorübergehenden Freude,**
   wenn sich unsere Wünsche erfüllen,
7. **die Welt des Lernens,**
   wenn das Lernen aus eigenem Antrieb erfolgt,
8. **die Welt der Teilerleuchtung,**
   wenn wir Erkenntnisse aus eigenem Antrieb erlangen,
9. **die Welt des Boddhisattva,**
   in der wir den Wunsch hegen, das Leid der anderen durch Freude zu ersetzen und
10. **die Welt der Buddhaschaft,**
    die als höchster Zustand des menschlichen Lebens gilt.

Alle Welten oder Lebenszustände beinhalten sich gegenseitig.

Dies war zumindest im Japan des 13. Jahrhunderts ein revolutionärer Gedanke. Es sollte doch glauben gemacht werden, dass man sich nur durch unendliche Bemühungen hin zur Buddhaschaft arbeiten könnte und das auch nur als Priester. Auf diese Art und Weise konnte man das Volk besser manipulieren. Doch die Lehren Nichirens, die auf dem Lotus Sutra[8] basieren, zeigten ein anderes Bild. Hier wurde gesagt, dass auch gerade in der Hölle die Buddhaschaft liegen kann. Diese Erkenntnis bedeutete in letzter Konsequenz, dass alle Menschen die Buddhaschaft verwirklichen können. Sie war also nicht nur den Priestern vorbehalten. Nehmen wir zum Beispiel Nelson Mandela. Er ging im Gefängnis durch die Hölle und ertrug viel. Doch dort erlangte er seinen höchsten Lebenszustand, seine „Buddhaschaft".

Vereinfacht kann man sagen, dass man in jedem dieser Zustände auch die anderen erleben kann. Die Welt der Ruhe kann sehr angenehm sein. Doch kann ein zu viel an Ruhe auch quälend wirken. Sie kann sich aber auch optimal zum Lernen eignen.

Wut ist also nicht nur schlecht. Sie gab mir die nötige Kraft, ein tiefes Leidgefühl zu überwinden.

Durch die Theorie der zehn Welten wird auch klar, dass es nicht nur die Umstände sind, die unser Glück bestimmen. Egal, in welcher Situation wir uns auch befinden, es gibt immer Potential, sich zu entwickeln und „Gift in Medizin" zu verwandeln. Jede Herausforderung birgt die Chance, andere Ursachen zu setzen und damit die eigene Lebenssituation in eine glücklichere Richtung zu lenken.

Kapitel 4

Pferde, Eichhörnchen und Hon nin myo

Ich schreibe viel über den Buddhismus Nichirens und das Chanten von Nam Myoho Renge Kyo, das ich seit 1984 praktiziere. Doch ich hoffe, es gelingt mir hier zu vermitteln, dass es mir im Wesentlichen um die Essenz des Glaubens geht. Egal, ob du an Gott, die Sonne oder das Leben selbst glaubst. Es ist die Frage, wie du deinen Glauben nutzt und welche Glaubenssätze deine Gedanken und Gefühle leiten.

Hast du das Gefühl, dass du etwas nicht schaffen wirst? Hast du Hoffnung? Oder bist du vielleicht bereit, an Wunder zu glauben? Sicher kann man jedes Wunder auch analysieren und somit entzaubern. Doch es bleibt die Tatsache, dass man etwas Unerwartetes erlebt hat.

Mein Herz wurde besser und besser. Der Schrittmacher lief nur auf 1%.

Was auch ganz unerwartet geschah, war meine Anziehungskraft auf Wildtiere. Ich begann auf meinen täglichen Parkspaziergängen die Eichhörnchen zu füttern. Nach einiger Zeit rannten mir die kleinen Puschelschwänze schon hinterher oder kamen mir entgegen. Das war so zauberhaft. Diese Augenblicke, als Eichhörnchen ganz vorsichtig meine Hand berührten, um sich eine Walnuss zu nehmen, sind unvergesslich. Auch Meisen flogen auf meine Hand. Manchmal gleich zwei oder drei. Ich habe ein Handy, mit dem ich in Zeitlupe filmen kann. So entstanden fantastische Aufnahmen.

Auf Facebook wurde ich langsam als „Eichhörnchen-Flüsterin" betitelt.

Man kann ja über die Sozialen Medien denken, was man will. Für mich gilt hier ein Grundsatz: „Alles Gute hat sein Schlechtes, und alles Schlechte hat sein Gutes." Es kommt immer darauf an, was wir daraus machen. Es tat mir gut, all diese glücklichen und schönen Bilder von mir zu sehen. Viele Menschen waren dadurch sehr ermutigt. Auch habe ich viele Freunde auf anderen Kontinenten. Und so waren sie immer informiert. Das wäre mir mit normalen Emailkontakten nicht so einfach gelungen.

Und dann gab es da noch die Momente, die nicht von einer Kamera, aber von meinem Herzen festgehalten wurden. So wie jener Augenblick, als ich auf einer Wiese lag und unvermittelt meine Hand in die Luft streckte. Unerwartet setzte sich ein Schmetterling auf meinen Finger. Dann flog er wieder weg. Ich nahm meinen Arm zurück, streckte ihn aber gleich wieder Richtung Himmel. Abermals setzte sich das zauberhafte Tier auf meine Hand. Ich empfand das als Magie.

Ganz besonders erfüllend waren auch die Tage, an denen ich zu zwei Pferden fuhr. Ich bin schon als Kind gerne geritten. Wir hatten einen 2500 qm großen Garten mit Obstbäumen und Wildwuchs-Wiese in Berlin-Lübars. Ich durfte mir immer zwei Pferde vom Reiterhof holen. So konnte ich auf ihnen reiten und sie auf dem Grundstück grasen lassen. Rocky war ein Fuchs, Rose ein Apfelschimmel.

Es vergingen Jahrzehnte, bis ich wieder auf einem Pferd reiten sollte. Ich hatte mir einfach keine Zeit dafür genommen, da ich sehr viel gearbeitet hatte.

Als ich in der Kardiologischen Reha war, wurde dort unter anderem eine Pferdetherapie angeboten. Das Pferd, auf dem ich saß, wurde geführt, man durfte es nicht alleine reiten, aber immerhin. Ich war Feuer und Flamme. Warum habe ich das nicht öfter getan, wenn es mich doch so sehr erfreute?!

Ich war so damit beschäftigt, anderen Freude zu bereiten, dass ich komplett vergessen hatte, mir für mich einmal etwas Schönes auszudenken.

Anderen Freude zu bereiten, ist wahrlich erfüllend, und ich werde das auch weiterhin tun. Es ist aber auch wichtig, die eigenen Wünsche zu beachten: Was will ich erleben? Ich denke da an meine „Bucket List". Die Herzerkrankung hatte mich noch einmal ganz intensiv darüber nachdenken lassen. Und so wünschte ich mir eine Reittherapie.

Es war herrlich. Wie der Zufall es so will, ritt meine Freundin Verena regelmäßig mit Antigone, einer Psychotherapeutin, aus. Wir lernten uns kennen, und ich begann meine so ersehnte Reittherapie. Riwanja war eine Stute mit sehr dunklem Fell. Wir hatten eine besondere Beziehung. Nach einiger Zeit gestattete mir Antigone, alleine zu Riwanja zu fahren. Auch der rostbraune Wallach Collin ist ein ganz besonderes Pferd.

Einmal fuhr ich spontan zu Collin. Er kam auf mich zu, und ich streichelte seinen Kopf. Ich war an diesem Tag sehr traurig, aber meine Gefühle waren irgendwie blockiert. Nach einiger Zeit liefen Collin die Tränen. Das berührte mich so sehr, dass ich daraufhin selbst zu weinen begann. Was dann geschah, werde ich nie vergessen. Collin schnuffelte meine Tränen ganz sanft mit seinen Nüstern weg. Das war einer der innigsten Momente, die ich je mit einem Tier teilte.

Als im März 2020 meine erste Brustkrebs-OP war, verschwieg mir Antigone vorerst, dass Riwanja einen Unfall gehabt hatte und eingeschläfert werden musste. Sie erzählte mir davon ca. 2-3 Monate später. Ich meine gespürt zu haben, dass etwas mit Riwanja nicht stimmte, aber ich war so von meiner Situation gefordert, dass ich nicht nach ihr fragte.

Beziehungen zu Tieren können so unglaublich intensiv sein. Ich chantete für Riwanja, und es kam ein wunderschönes Bild in mir auf. Ich ritt auf ihr, wie ich es am liebsten tat, ohne Sattel, durch die Wolken. Sie war vollkommen frei und glücklich. Yoshi sagte einmal, dass man chanten sollte, als würden am Himmel Pferde galoppieren. Vielleicht kam daher dieser Gedanke.

All diese Erfahrungen in der so intensiven Zeit haben mir etwas sehr Wichtiges vermittelt. Ich hatte schon oft, auch als Kind, das Gefühl von intensiver Trauer, wenn ich mit einem Tier zusammen war. So auch bei Riwanja. Als hätte ich eine Vorahnung gehabt, was da Schreckliches geschehen würde. Doch stellte ich mir nun grundlegend die Frage, ob ich, wenn ich sowieso nichts dagegen tun konnte, dann immer weiter mit diesem Gefühl leben wollte. Vielleicht war es ja auch einfach immer nur ein Spiegel, den mir die Tiere vorgehalten haben, nach dem Motto: „Schau mal, so geht es dir in Wirklichkeit!" Wer weiß... Ich nahm dies auf jeden Fall zum Anlass, diesen Lebenszustand der Traurigkeit grundlegend zu verändern. Ich wollte es schaffen, ganz im Moment zu sein und mich vollkommen auf die Freude im jetzigen Augenblick einzulassen.

So trainierte ich dies ganz bewusst mit Collin. Er liebte es Faxen zu machen. Wann immer ich eine Mütze trage, nimmt er sie mir von meinem Kopf. Und wenn ich einen Hoody trage oder eine Jacke mit Reißverschluss, dann nimmt er den Zipper mit seinen Zähnen und macht den Reißverschluss auf und zu.

Einmal ritt ich mit ihm auf dem Übungsplatz. Er erschrak wegen einer anderen Stute und fing an zu steigen. Ich blieb ganz ruhig und konnte ihn besänftigen. Erst als er wieder stand, rutschte ich fast im Zeitlupentempo samt Sattel an ihm hinunter. Es war nichts passiert. Antigone fragte mich, ob wir aufhören wollten. Doch ich sagte, dass es für Collin und mich wichtig wäre, jetzt nicht abzubrechen. Ich stieg wieder auf, und so ritten wir noch eine kleine Weile.

Als ich so an Collin hinunterrutschte, sah das sicher sehr komisch aus. Mir kamen Slapstick-Szenen in den Kopf, hatte doch Collin eh schon oft einen „Clown gefrühstückt".

Ein weiterer Clown in meinem Leben ist Dr. Patch Adams. Man kennt ihn vielleicht durch den gleichnamigen Hollywood Spielfilm mit Robbin Williams in der Titelrolle. Den Film „Patch Adams" schauten wir eines Tages bei einem Vereinstreffen von „namu" an. Es gab eine Schlüsselszene mit einem Schmetterling. Patch haderte in diesem Moment mit den Entscheidungen, die er getroffen hatte. Er stand an einem grünen Abhang und überlegte, ob er seine Pläne, ein Gesundheitsinstitut aufzubauen, über Bord werfen sollte. Als plötzlich ein Schmetterling zu ihm flog, verstand er dies als eine Botschaft, seinen Weg weiter zu verfolgen. Das war der Moment, in dem ich dachte, dass es doch wunderbar wäre, wenn er unser Schirmherr wäre. Ich unterbreitete diese Idee meinem Team, doch wurde ich etwas belächelt. So ein großer Hollywoodstar würde doch sicher keine Notiz von uns nehmen. Ich hielt nicht viel davon, einen Menschen auf ein Podest zu stellen. So schrieb ich ihm 2009 eine E-Mail an die Adresse, die ich im Internet recherchiert hatte. Doch leider bekam ich keine Antwort. Auch die zweite Nachricht blieb unbeantwortet. Plötzlich hörte ich die Stimme meines Großvaters sagen: „Der persönliche Kontakt, mien Deern!" Er war Hamburger, und ich hatte seinen norddeutschen Slang im Ohr. Dieser Hinweis meines Opas gab mir den Impuls, einen handschriftlichen Brief zu verfassen und ihn zu fragen, ob er der Schirmherr unserer singenden Schmetterlinge werden wollte. Es war damals die Hauptaktivität unserer Vereinsmitwirkenden, als Schmetterlinge verkleidet, in Kinderkrankenhäusern und Hospizen zu singen. Patch antwortete unverzüglich, dass es ihm eine Ehre wäre.

Es ergab sich ein zeitnahes Treffen. So begegneten Kyle und ich Patch das erste Mal persönlich, als er in Dresden einen Vortrag hielt.

Ich erzählte ihm von unseren vielen Vereinsaktivitäten. Er war begeistert und bat mich daraufhin eindringlich, ihn auf seine „Russian-Clownstour" zu begleiten. Seit vielen Jahren reiste er mit Clowns aus aller Welt nach Moskau und St. Petersburg, um dort Waisenkindern, Kindern in Krankenhäusern und Straßenkindern Aufmerksamkeit und Liebe zu schenken. Durch eine Versteigerung von Bildern, die die Straßenkinder gemalt hatten, unterstützte er das Projekt „Maria's Children"[9].

So reiste ich mit ihm nach Moskau, allerdings nicht als Clownin, sondern als Schmetterling. Zumindest malte ich mir ein rotes Herz auf die Nase. Patch hatte uns alle gebeten, im Kostüm anzureisen. Wie könnte ich nur das Gesicht des Beamten bei der Passkontrolle im Moskauer Flughafen beschreiben…? Sicher war dieser Anblick für den Kontrolleur sehr unerwartet. Auf jeden Fall aber sehr belustigend.

Es war eine wundervolle Zeit mit Patch und 40 Clowns aus aller Welt. Wir lachten viel und hatten immer ein fröhliches Lied auf den Lippen. Gemeinsam reisten wir in einem Reisebus durch Moskau und Umgebung. Es war im Bus so kunterbunt, dass man glauben konnte, es sei ein Regenbogen geplatzt.

Eines Tages fuhren wir aufs Land zu einem Erwachsenen-Hospiz. Diese Armut!! In einem heruntergekommenen 60er Jahre Bau lagen ältere Menschen auf durchgelegenen Matratzen. Die Betten waren teils mit Holzbrettern gesichert, damit keiner hinausfiel. Die Bretter waren unbehandelt, und so steckten in vielen Armen der Patienten Holzsplitter.

Ihre Haut war bläulich verfärbt, was wohl vom Desinfektionsmittel herrührte. Der Gestank in den Räumen war kaum auszuhalten. Ich konnte zwar kein Russisch sprechen, aber eine „Herz zu Herz" Kommunikation braucht nicht unbedingt Worte.

Warum berichte ich über das alles? Es erklärt meine große Dankbarkeit für unser Gesundheitssystem. Sicher, es gibt noch vieles, was verbessert werden muss, doch eine Brustkrebserfahrung möchte ich in kaum einem anderen Land gemacht haben wollen.

Das ganze System zu privatisieren, war ein grober Fehler. Trotz der großen Herausforderungen, insbesondere während einer Pandemie, sind die allermeisten Klinikmitarbeiter dennoch sehr mitmenschlich.

Ich bedanke mich an dieser Stelle bei allen in Kliniken arbeitenden Menschen. Und ich wünsche allen eine bessere Küche... Zumindest das Essen für Patienten ist oft wirklich das Letzte. Da kann man keine Kraft schöpfen. Die Gesundheit fängt im Darm an. Dies ist auch der westlichen Schulmedizin klar. Trotzdem wird den Patienten ein Essen vorgestellt, das in den allermeisten Fällen, auf Dauer konsumiert, eher gesundheitsschädlich sein dürfte.

Die Herzklinik in Bernau war da eine echte Ausnahme und hat mir gezeigt, dass es auch anders geht. Das Essen war teilweise sogar richtig lecker. Wenn ich nochmal an das Hospiz in Moskau denke, kann man das überhaupt nicht vergleichen. Aber wir sollten uns nicht am Schlechteren messen, sondern das Beste anstreben.

So ist meine grundlegende Haltung. Zumindest versuche ich mich daran zu orientieren, dass es immer besser werden kann. So auch mit dieser Erkrankung. Mein erklärtes Ziel ist: „Ich werde gesünder denn je!"

Noch ahnte ich nicht, was das eigentlich bedeuten würde: „Ich werde glücklicher als je zuvor!"

Manchmal mag man denken, warum ist man nicht einfach glücklich, lebt in einer hohen Energie und erfreut sich an allem. Auch die Herausforderungen erscheinen nur noch als großartige Chance, um sich fantastisch zu entwickeln. Tja, diesen Lebenszustand gibt es wirklich. Doch es menschelt in uns. Und das ist auch vollkommen in Ordnung: „Die unerträgliche Leichtigkeit des Seins".

In einem extrem hohen Lebensgefühl, das auch mit reiner Liebe verglichen werden könnte, scheint man eine rosa-rote Brille aufzuhaben. Es erstrahlt alles in einem anderen Licht.

**Rosa und Pink
bedeuten für mich:
Zartheit,
Liebe,
Himbeershake.**

„ES GIBT ZWEI ARTEN,
SEIN LEBEN ZU LEBEN:
ENTWEDER SO,
ALS WÄRE NICHTS EIN WUNDER,
ODER SO,
ALS WÄRE ALLES EIN WUNDER.“

ALBERT EINSTEIN (1879-1955)

„Im richtigen Licht anschauen… ". Es ist entscheidend, wie wir die Dinge beleuchten. In der Fotografie und bei Filmen oder in Gemälden alter Meister erkennt man, wie wichtig die Perspektive und die Beleuchtung sind. Wenn wir unser Leben mal anders „beleuchten", können wir leichter eine andere Position einnehmen.

Betrachten wir alles aus einem vielleicht traumatisierten Zustand, so wird uns manches eher bedrohlich und hoffnungslos erscheinen. Beleuchten wir die Dinge jedoch mit dem Licht der Klarheit, erlangen wir schneller eine objektivere Sichtweise.

Deshalb wird ein Mensch, der den höchsten Lebenszustand erreicht hat, sicher auch „erleuchtet" genannt. Es wäre eine Illusion zu glauben, dass dieser Zustand, einmal erlangt, nun für alle Ewigkeit erreicht sei. Dabei handelt es sich eher um einen ewigen Prozess, um ein ewiges „Hon nin myo". Dies bedeutet: „Von jetzt an" bzw.: „Was wird im jetzigen Herzen inszeniert." Ein ewiger Anfang bedeutet in der buddhistischen Sichtweise, dass wir uns in jedem Augenblick neu entschließen und alles verändern können.

Insofern können wir gar nicht wirklich „falsche" Entscheidungen treffen.

Diese Sichtweise half mir in den schlimmsten Momenten der Verwirrung. Chemo ja oder nein…? Egal, welche Entscheidung ich träfe, ich würde auf jeden Fall siegen! Das war alles, was zählte.

Wenn man dieses Ziel ganz klar vor Augen hat, dann nimmt man sich automatisch etwas Druck aus diesen vermeintlich entscheidenden Situationen. Wenn ich auf jeden Fall gesund werde, dann wird sich auch manch ein Umweg als letztendlich heilsam erweisen.

Nicht zu vergessen, dass das Leben ewig ist. Wenn auch nicht in diesem Körper, so doch auf der energetischen Ebene.

Tiere haben oft eine wundervolle Gabe, im Hier und Jetzt zu sein. Unsere Gehirne sind zwar zu sehr komplexen Handlungen fähig, müssen daher aber auch sehr viel verarbeiten. Ich erinnere noch einmal an die Urmenschen, die ständig in Alarmbereitschaft gewesen sein müssen. Schnell sprang da mal ein Säbelzahntiger vor die Hütte. Diese Alarmbereitschaft haben wir immer noch, vor allem aber die mit ihr verbundene Verhaltensweise, sich mit Leichtigkeit eher den negativen Neuigkeiten zu widmen. Es fällt uns viel leichter, über negative Dinge zu sprechen als über positive.

Ich hatte so oft den Gedanken: „Ich kann es nicht mehr hören!" Vor allem, wenn es um Covid 19 ging. Eine kurze Info am Tag war schon o.k., aber immer und immer wieder und überall davon zu hören... Konnte ich dadurch irgendetwas zur Verbesserung der Situation beitragen? Vor allem stellte sich die Frage, tat es mir gut, mir diese Bedrohung 24 Stunden am Tag vor Augen zu führen, zumal ich wegen der Chemo einen sehr niedrigen Leukozytenstand hatte und die Gefahr eines schwierigen Verlaufs bei einer Covid-Infektion viel höher sein konnte. Brachte es mich wirklich weiter, der Angst zu erlauben, mein Befinden zu verdunkeln?

Diese Reise lehrte mich, mir Fragen zu stellen und täglich bewusster einen Moment der Achtsamkeit zu praktizieren. Wie fühlte ich mich? Wie ging es mir? Was konnte ich heute Gutes für mich tun? Achtete ich genug auf mich?

Das mag sich z.B. für eine alleinerziehende Mutter mit zwei kleinen Kindern und der Diagnose Brustkrebs als etwas zu viel verlangt anhören.

Jedoch gebe ich zu bedenken, dass es immer eine Lösung gibt. Geben muss, denn wenn die Mama gar nicht mehr da ist..., müsste es ja auch eine geben. Warum also bis zum äußersten mit den Kräften gehen? Wir haben manchmal ein falsch verstandenes Pflichtgefühl.

In einem Flugzeug sind die Verhaltensregeln klar vorgegeben. Sollten die Sauerstoffmasken einmal zum Einsatz kommen, ist die Mutter aufgefordert, sich selbst als erste die Maske aufzusetzen und dann dem Kind. Auch wenn das logisch ist, so verhalten sich doch viele eher umgekehrt. Verantwortung tragen, kann auch bedeuten, die Aufgaben zu verteilen und Hilfe zu fordern.

Ich kenne das Phänomen selbst, sofort Hilfe anzubieten und zur Stelle zu sein. Aber Hilfe anzunehmen, ist oft gar nicht so leicht. Ich habe es gelernt und kann heute sogar mit Freude um Hilfe und Unterstützung bitten. Das tut gut. Zu sehen, wie man sich Schritt für Schritt verändert, ist eine wahre Wohltat.

Unsere Gedanken und Gefühle können wir genauso trainieren wie zum Beispiel einen Hund. Wenn ein Gedanke auftaucht, der potentiell meine Stimmung vermiesen würde, sage ich mir innerlich „Sitz!", „Platz!", „Aus!". Es mag vielleicht erst beim 1000sten Versuch gelingen, aber das ist ganz egal. Es zählt einzig und allein, wieder selbst zu entscheiden, wie man sich fühlen möchte. Auch wenn man eine schwere Erkrankung durchmacht, vielleicht sogar gerade, weil man solch eine Herausforderung hat, ist es sehr wichtig, die eigene Stimmung zu beobachten und „hoch" zu halten.

Ich wiederhole mich mit der Bemerkung, dass auch Leiden und Trauern wichtig sein können.

Es geht mir um die überwiegende Grundtendenz der Gefühle. Es ist schädlich, wenn man permanent in der Welt des Ärgers lebt, sich ständig beklagt oder über andere meckert.

Negative Energie ist negatives Futter für die eigenen Zellen und macht definitiv krank.

Ich habe in meinem Leben so vielen Menschen Freude bereitet, da musste es doch auch klappen, dass ich für mich selbst die größte Freude sein konnte.

Viele haben sicher schon von dem Buch „Das Kind in dir muss Heimat finden" gehört. Das Buch gibt Anleitung zur Arbeit mit dem inneren Kind. Ich befasste mich damit nicht so eindringlich. Aber wann immer es mir in den Kopf kam, versuchte ich, mir einfach mal vorzustellen, wie es wäre, wenn ich jetzt hier als kleine Una vor mir stünde.

Da konnte es auch mal passieren, dass ich einen Lachanfall unter der Dusche bekam, weil ich beim Abtrocknen laut: „Rubbel, rubbel, rubbel, rubbel, rubbel!" rief.

Warum sollte die Spielzeit mit der Kindheit enden? Gerade mit sich selber zu spielen und albern zu sein, kann wahre Wunder bewirken.

Patch hat nicht umsonst den Clown als Charakter ausgesucht, um Kindern und Erwachsenen zu helfen, wieder Freude zu empfinden. Lebensfreude ist mit die beste Medizin. Studien beweisen, dass Humor heilen hilft. Sicher ist einem nicht immer zum Lachen zumute, doch es gibt viel ungenutzte Zeit am Tag, die man mit einem Lächeln bereichern könnte.

Einen lustigen Film anzuschauen ist so schön, doch das Lachen, das man gemeinsam mit anderen beim Rumalbern teilt, ist unbezahlbar. Aber da war ja noch Corona... Zum Glück haben wir das Wunder der Technik: Zoom, WhatsApp, Facetime und Skype. Ich bin so dankbar für diese Möglichkeiten!

Am 04. November 2020 bekam ich die letzte Chemotherapie. Ich hatte unfassbar stark über meine Ängste und Zweifel gesiegt und kann nur sagen, dass ich durch die Behandlungen mehr oder weniger durchgetanzt bin. Meine einzigen Nebenwirkungen waren nächtliches Schwitzen und Haarverlust sowie eine kurze allergische Reaktion meiner Haut.

Das letzte GLS-Echo vom Herzen zeigte eine weitere Verbesserung. Die untersuchende Ärztin sagte, dass mein Herz dem eines gesunden Menschen entspräche.

Ist das nicht unglaublich? Auch die Migräne und die Sinusitis waren verschwunden. Im Wesentlichen ging es mir nach der Chemo besser als vorher. Meine Haare kamen fülliger, dunkler und lockiger als je zuvor mit ganzer Kraft zurück. Es war, als symbolisierten sie meine neu erworbene Lebenskraft. Sie wirkten wie eine Löwenmähne. Das alles war definitiv komplett unerwartet für mich!

Kurze Zeit nach der letzten Chemo sollte die zweite Operation an der Brust erfolgen. Es war ja beim ersten Mal leider keine „R0"-Resektion erfolgt, und daher sollte nun das restliche Brustdrüsengewebe entnommen werden. Doch auch hier sagte mir mein Bauchgefühl, dass es einen anderen Weg geben müsse. Zwei weitere Ärzte, mit denen ich Kontakt hatte, rieten mir, die Brust doch noch abnehmen zu lassen. Das wunderte mich arg. Doch ich hatte gelernt, meinem Bauchgefühl zu folgen.

Kyle riet mir, mich an das Deutsche Krebsforschungszentrum (DKFZ) am Universitätsklinikum Heidelberg zu wenden. Man kann dort einfach anrufen und Fragen stellen. Ich sprach mit einem Professor und schilderte ihm meinen Fall. Er fragte: „Warum wird nicht erst einmal eine Nachresektion versucht?" Mein Herz hüpfte sofort vor Freude, als er dies aussprach. Ich wollte genau so etwas hören und unterbreitete meiner Onkologin diesen Vorschlag. Sie sagte: „Frau Gonschorr, machen Sie mir doch keine Angst!" Doch dann lachte sie. Ich entgegnete, dass ich wüsste, dass alles gut wird. Sie stimmte einer weiteren brusterhaltenden OP zu. So operierte sie mich Ende November. Schon einen Tag danach hüpfte ich fröhlich und munter auf dem Bett herum.

Mein Gefühl wurde bestätigt! Sie hatte es geschafft. „R0"!-Nachresektion erfolgreich abgeschlossen. Es war kein krankhaftes Gewebe mehr nachweisbar.

Ich fühlte pure Dankbarkeit!

Als ich wieder zu Hause war, arbeitete ich weiter an unserem „Drachenmädchen"-Musical. Ich ging zu Peter ins Tonstudio und sang das Lied „Freude" ein, welches am Anfang des Musicals zu hören ist. Das war kurz vor Weihnachten. Ich hatte das Lied ziemlich hoch komponiert. Meine Stimme war völlig untrainiert und die Schleimhaut sicher auch etwas durch die Chemo gereizt. Doch ich sang aus Leibeskräften.

Man nennt es „Belting" im Gesang, wenn man die Kopfstimme aus voller Brust singt. Dadurch erreicht man einen durchdringenden Klang. Nach kurzer Zeit war ich komplett erschöpft, aber einverstanden mit dem Ergebnis.

Ich fuhr nach Hause und wurde krank. Da hatte ich das Lied der „Freude" im Studio eingesungen und jetzt ging es mir schlecht. Ich war extrem erschöpft und traurig! Auch die „Liebesbaustelle" hatte ich noch nicht überwunden, die Nachricht, dass es da jetzt jemand anderen an seiner Seite gab, haute mich um.

Ich hatte mehrere Betrachtungsweisen auf diese Situation. Einerseits, aaaaaahhhhhhhhhh! Warum? Das fühlt sich nicht richtig an!

Gerade während der Zeit der Brustkrebstherapie fühlte ich mich als Frau sehr verunsichert.

Doch andererseits gab es da auch eine buddhistische Betrachtungsweise. Vielleicht könnte ich sogar etwas Dankbarkeit dafür empfinden, dass er die Bereiche der Selbstliebe und Selbstachtung in meinem Leben so sehr triggerte. Es geht oftmals nicht wirklich um die andere Person, sondern um die Funktion, die diese in unserem Leben übernimmt.

Später in der Reha erzählte eine Frau, dass ihr Mann sie auf Grund des Brustkrebses nach 37 Jahren Ehe verlassen hatte. Häufiger hört man auch, dass sich „Freunde" zurückziehen, nicht, weil man viel jammern würde, sondern einfach, weil sie mit dem Thema Krebs nicht klarkommen. Diese Erfahrung machte ich auch. Eine langjährige Freundin schrieb mir, dass ihr das zu viel wäre, dass ich jetzt auch noch Brustkrebs bekommen hatte. Sie könnte damit nicht umgehen.

Man mag darüber denken wie man will, aber diese Klarheit ist mir lieber, als wenn jemand einfach die Kommunikation einstellt. Doch letztlich bleibt einem nichts Anderes übrig, als diesen Menschen Mitgefühl entgegen zu bringen.

Und sich ganz und gar auf die zu konzentrieren, die für einen da sind und einen auf diesem Weg begleiten.

Es tat mir auch gut, Paare anzuschauen, bei denen der Partner ganz klar an der Seite geblieben war. Anja schickte mir ein Buch von Anita Moorjani „Heilung im Licht". Sie hatte Krebs im Endstadium und galt als austherapiert.

Als sie im Koma lag, bat man ihre Verwandten, in die Klinik zu kommen, damit sie sich verabschieden könnten. Ihr Mann war die ganze Zeit an ihrer Seite geblieben. Sie ist inzwischen vollkommen genesen und gibt viele Seminare zum Thema Heilung. Ihre Erfahrung ist sehr wertvoll.

Ich empfand große Freude darüber, dass Anita in dieser schweren Situation nicht alleine war. Sie und ihr Mann waren ein wirklich perfektes Gespann. Sie alberten zusammen herum, unterstützten sich gegenseitig und machten es sich gemeinsam zur Aufgabe, andere Menschen zu unterstützen.

Ich hatte also die freie Wahl, mich auf meinen Verlust zu konzentrieren oder mich darüber zu freuen, dass manche Menschen in schwierigen Zeiten einander beistehen.

Ich habe so viele tolle Freunde und eine wundervolle Familie und leide, weil ein Mensch mir das Gefühl der Zurückweisung gibt?! Weil ich ausgerechnet diesen einen Menschen vermisse?! Doch ich war völlig erschöpft. Ich fühlte mich sehr krank und war an Weihnachten und zum Jahreswechsel allein im Bett. Meine Ratio hatte schwer zu tun. Ich machte mir immer wieder klar, dass niemand anderes für mein Glück oder Unglücksgefühl verantwortlich war als ich selbst. So gewann die Selbstverantwortung wieder die Oberhand.

Sicher triggern Verhaltensweisen unserer Mitmenschen unsere „seelischen Schmerzpunkte", doch eigentlich sind wir frei zu fühlen, was wir wollen. So sagte ich mir immer wieder, dass ich einfach glücklich bin, weil ich mit dem Mann, den ich liebte, wundervolle Augenblicke teilen konnte. Und das klappte und klappte auch wiedermal nicht. Das Jahr 2020 war auf jeden Fall vom Beginn bis zum Ende „unerwartet"!

Anfang 2021 stand die Bestrahlung an. Und wieder spürte ich Angst vor dem, was mich erwarten würde. Doch ich hatte sehr ermutigende Telefonate mit der buddhistischen Freundin Margot geführt. 15 Jahre zuvor hatte sie bei dieser Erkrankung fantastische Erfahrungen mit dem Chanten gemacht. Sie berichtete mir von ihrer Strahlentherapie und dass sie keinerlei Nebenwirkungen gehabt hatte. In der Reha erfuhr sie von ganz anderen Fällen, wie Verbrennungen. Ich freute mich sehr über ihren Verlauf und ankerte mir ihren Erfolg. So viele Jahre später waren die Geräte auch sicher noch viel präziser und sanfter.

Ich chantete wieder mehr und ging nun zu dem Vorgespräch für die Strahlentherapie. Wieder einmal gab es eine unerwartete Überraschung. Der Arzt sagte, dass man nicht auf den Herzschrittmacher bestrahlen könnte. Dieser befand sich genau in dem zu bestrahlenden Areal und würde kaputtgehen. Das umliegende Gewebe würde zudem sicher beschädigt. Daher müsse er auf die andere Seite verlegt werden.

Aber da war ja noch der Port. Ich sollte zu meinem Kardiologen gehen und mich beraten lassen, was das Beste wäre. Ich war wirklich fertig von dieser Botschaft. Ich berichtete Guido von diesem Vorgespräch, und er versuchte mich aufzubauen. Er rief sofort einen Kollegen an, der sich darauf spezialisiert hatte, einen Schrittmacher samt Sonden zu entfernen. Es bedurfte hierfür einiger spezieller Instrumente, da die Sonden, die vom Herzschrittmacher ins Herz gingen und dort verankert waren, festgewachsen sein konnten. Guido rief mich zurück und teilte mir freudig mit, dass der Professor mich einplanen würde und ich auch den neuesten HSM bekäme, den es gab. Er wäre nur so groß wie eine Kapsel und würde direkt ins Herz geschoben werden. So hätte ich nicht mehr dieses große Gerät unter dem Muskel unterhalb des Schlüsselbeines.

Ich war nicht ganz so happy wie er, denn ich hatte das Gefühl, dass diese Überraschungen jetzt langsam mal ein Ende nehmen dürften. Der Mann meiner Kardiologin Gesine arbeitet bei der Firma, die meinen Schrittmacher hergestellt hatte. Er bestätigte, dass er entfernt werden musste. Puh, daran kam ich also nicht vorbei, es sei denn, ich machte erst gar keine Bestrahlung. Doch auch Sabine riet mir, jetzt nicht auf halbem Weg aufzugeben.

So fuhr mich Micha nach Bernau. Ich hatte wieder gut für mich gesorgt und mir eine Kühltasche mit wertvollen Nahrungsmitteln zusammengestellt. Zuvor hatte ich in der Klinik angerufen, um zu fragen, ob sie eine Kinderstation hätten und sprach mit Mandy, der Chefarztsekretärin der Kinderabteilung. Ich fragte, ob ich, wenn ich schon mal da wäre, CDs für die Kinder mitbringen dürfte. Sie freute sich. Als ich in die Klinik kam, empfing sie mich sehr herzlich. Wir machten ein Foto von der Übergabe der CDs. Nach der OP wollte sie mich der Chefärztin vorstellen und mir die Kinderstation zeigen.

Doch erst einmal ging ich zur Aufnahme. Weil es einige Notfälle gab, musste ich fast 6 Stunden auf dem Flur warten. Als ich endlich zum Aufnahmegespräch von einem Arzt in sein Zimmer gerufen wurde, waren seine so ziemlich ersten Worte: „Sie wissen, dass sie jetzt sterben könnten?!" Alter Schwede! Ich hatte schon einige Narkosevorgespräche, doch das war mal eine Ansage.

Eigentlich ist das nicht ganz mein Sprachstil, doch für diesen erlebten Moment scheint mir „Alter Schwede" passend. Als der Doktor den verdutzten Blick von seiner Kollegin und mir wahrnahm, wurde ihm wohl bewusst, dass das von ihm ein bisschen zu harsch formuliert gewesen war. Aber wie schon gesagt, es ist die Funktion der Person, die man sich dabei bewusstmachen sollte. Ich hatte eine Welle der Angst verspürt, doch sagte ich mir sofort, dass ich die OP in jedem Fall überstehen würde.

So langsam kam ich mir vor, als würde das Leben mich gerade durch ein Boot Camp schicken. Doch ich fokussierte meine bisherigen Erfolge und übte mich wieder im Vertrauen.

Kapitel 5

Unerwartet: Neues Leben ohne Herzschrittmacher!

Und ich übte mich im „Lotusblüten-Effekt". Das ist so mein ganz eigenes Konzept. Die Lotusblüte erblüht im Sumpf und hat diese besondere Eigenschaft, auf Grund der Struktur ihrer Blütenblätter Schmutzpartikel einfach an sich abperlen zu lassen. So tat ich das auch mit meiner Erfahrung bei der Aufnahme in der Klinik. Ich dachte mir: „Perl' ab und rutsche in den Sumpf, wo du hingehörst." Ich musste lächeln, denn ohne Sumpf keine Lotusblüte, richtig?! Und da gab es noch so manches, was ich auch gerne in den braunen Blubber schicken wollte...

Wirklich alle in dieser Klinik waren sehr herzlich. Ich hatte ein wunderschönes Einzelzimmer. Das war auf Grund meines Immundefektes sicherer.

Am nächsten Morgen begannen die Voruntersuchungen. Eine Kardiologin machte einen Ultraschall und andere Messungen von meinem Herzen. Nach einiger Zeit hielt sie inne und drehte sich zu mir. Sie meinte: „Also, bei den Werten würde ich jetzt mal bezweifeln, dass Sie noch einen Schrittmacher benötigen."

„Wollen Sie damit sagen, dass wir keinen neuen HSM implantieren müssen?"

„Nun, ja, wenn sie sich mit einem Schrittmacher sicherer fühlen, dann können wir das gerne machen."

„Oh, nein, wenn ich die Chance habe, wieder ohne Schrittmacher leben zu können, dann ergreife ich diese sofort!"

Man könnte ahnen, was ich jetzt schreibe… Das war wirklich UN-ERWARTET! Ich war so glücklich!!! Ich bat die Kardiologin eindringlich, dem Professor und seinem Team zu sagen, dass ich keinen HSM mehr haben mochte!

Ich war dankbar für die Zeit, in der mich dieses kleine Wunder der Technik beschützt hatte. Nun erschien es mir einfach nur logisch, dass, wenn ich schon den Schrittmacher explantieren lassen musste, die beste Wendung die sein würde, dass ich gar keinen HSM mehr benötigte. Ich wurde gefragt, ob ich ohne ihn vielleicht Angst bekäme. Doch ganz im Gegenteil. Ich war so glücklich über diese Aussicht, dass ich nur pure Freude empfand.

Am nächsten Morgen war der Eingriff. Die Sonne schien, und man konnte aus dem OP direkt in die Natur blicken. Als ich aus der Narkose erwachte, wurde ich auf die Intensivstation gebracht. Es kamen Schläuche aus meinem Hals, beiden Armen, meiner Leiste und dem Bereich, wo zuvor der HSM war. Die OP war erfolgreich verlaufen.

Leider platzierte man den Druckverband in der Leiste direkt auf einem Nerv am Schambein. Das waren 16 Stunden non stop Schmerzen! Ich wusste da noch nichts von der Methode des Fokussierens auf einen Bereich im Körper, der sich gut anfühlte. Doch ich versuchte mich maximal zu entspannen und wusste, dass das vorbeigehen würde. Ich bat immer wieder, die Kompresse etwas zu verschieben. Doch davor hatte man Angst und gab mir lieber Schmerzmittel. Diese senkten meinen Blutdruck extrem ab. Er lag bei ca. 40 zu 20. Ich übergab mich mehrmals. Das alles war mir nicht so gut bekommen. Da brauchte ich schon eine ziemlich große Lotusblüte, um das einfach an mir abgleiten zu lassen. Doch ich hatte das Glück, diesen Boot Camp-Gedanken gehabt zu haben und gab nicht auf. Zuversichtstraining! Ich fokussierte mich nur auf die Nachricht, dass die Operation erfolgreich verlaufen war. Ich hatte keinen HSM mehr in mir. Gleichzeitig wurde auch der Port entfernt. Das alles lag jetzt also wirklich hinter mir!

Ich konnte ab jetzt wieder, wenn ich irgendwo hinfliegen würde, am Flughafen einfach durch den Kontrollscanner gehen. Ich müsste nicht mehr vorher mit meinem HSM Pass wedeln. Ich kann in einem Geschäft wieder in der Tür zwischen den Detektoren stehen bleiben, ohne das Gefühl haben zu müssen, dass das eine Gefahr für meinen HSM sein könnte. Ich kann wieder einen Induktionsherd bedienen oder die Bohrmaschine schwingen.

Die Dankbarkeit und Freude über diese Tatsachen lenkten mich immer wieder gut ab. Am nächsten Tag kam ich sehr erschöpft auf mein Zimmer. Doch ich wurde positiv überrascht, ein sehr leckeres Essen bekommen zu haben. Ich war wirklich erstaunt und schickte den Wunsch dafür, dass das an allen Kliniken Standard werden möge, ins Universum.

Regelmäßig kamen Ärzte in mein Zimmer und schauten nach mir. Sie waren sehr herzlich, und das machte mich glücklich. Mandy meldete sich per WhatsApp und fragte, ob sie irgendetwas für mich tun könnte.

Am Tag der Entlassung holte sie mich ab. Sie rollte meinen Koffer auf dem Weg zur Kinderstation. Wir unterhielten uns über die Situation während der Pandemie und was diese für Konsequenzen für die Kinder und deren Eltern hatte. Ich lernte die Chefärztin kennen und stellte ihr unser „namu"-Projekt vor. Sie war begeistert und sagte, dass es schön wäre, wenn wir dort einmal live auftreten würden.

So wurde ich also nicht nur herzlich empfangen, sondern ebenso herzlich entlassen.

Micha holte mich wieder ab und fuhr mich nach Hause.

Ein paar Tage später erkrankte meine Mutter. Ich brachte ihr Hühnersuppe und andere wohltuende Dinge aus dem Bioladen. Ansonsten konnte sie sich selbst versorgen.

Wieder zu Hause, zog es mich am nächsten Tag noch einmal hinaus in den Schlosspark. Ich weiß noch, dass ich mich eigentlich nicht wirklich danach fühlte, hinauszugehen. Doch, komm, los, frische Luft ist gut! Ich zog meinen schweren Ledermantel an und wuppte ihn leicht über die Schultern. Ich spürte ein kleines Stechen in dem Bereich, wo zuvor der HSM implantiert gewesen war. Ich dachte noch: „Ui, da sollte ich etwas vorsichtiger sein!" Ich ging eine halbe Treppe hinunter und spürte ein Piksen und Brennen an der Narbe. Irgendetwas stimmte nicht. Zurück in meiner Wohnung schaute ich nach.

Ach du meine Güte. Ein Tennisball großer Ballon war direkt unter der frischen Narbe, und ich bekam Angst, dass diese gleich platzen würde. Ich rief die Rettung 112 an. Danach kontaktierte ich Guido. Er beruhigte mich und erklärte mir, was da passiert sein konnte. Ich sollte mir keine Sorgen machen. Er bat mich, etwas Schweres auf die Stelle zu legen oder zu drücken, und versuchte mich mit einem Witz abzulenken. Ich versuchte hingegen zu überlegen, was ich mitnehmen sollte, wenn ich vielleicht ein paar Tage in der Klinik bleiben müsste. Kurzum, meine Multitaskingfähigkeit hatte vorübergehend ihre Funktion eingestellt, und daher kann ich den Witz hier leider nicht wiedergeben.

Die Untersuchung in der Notaufnahme ergab, dass ich mit einem Sandsack wieder nach Hause gehen und mich ruhig verhalten sollte. Das tat ich so gut es ging, denn in dieser Lage war eine Selbstversorgung schwierig.

Eine Woche später war dieser Ball etwas breiter, aber nicht weniger geworden. Bei einer kleinen Drehbewegung pikste es erneut an derselben Stelle. Der Ballon wurde noch größer. Ich sprach mit Gesine. Sie schickte mich sofort erneut in die Rettung. Dieses Mal war klar, dass beim Vernähen der Wunde ein Gefäß getroffen worden sein musste. Es riss vermutlich gänzlich, als ich den Mantel überzog.

So sollte ich am nächsten Tag operiert werden. Wieder waren alle sehr freundlich. Für das Essen in dieser Klinik konnten sie ja nichts… Ich hatte leider keine mit gesunden Leckereien gefüllte Kühltasche mit. Nein, Besuche waren ja nicht erlaubt, so konnte mir auch keiner etwas mitbringen.

Aber die paar Tage würden auch vorbeigehen.

Es roch ziemlich unangenehm in dem Zimmer, in das ich nach der OP gebracht wurde. Ich musste fast lachen. Mein Fokus-Training sollte wirklich auf allen Ebenen stattfinden. Riechen, Schmecken, Fühlen und Sehen. Das Zimmer war reichlich abgenutzt. Ich konzentrierte mich auf einen kleinen sauberen Punkt an der Zimmerwand und versuchte, einfach Freude beim Anblick dieses sauberen weißen Flecks zu empfinden. Den Gestank konnte ich allerdings nicht so einfach ignorieren. Ich bin ein sehr olfaktorischer Mensch. Frische Luft, ein guter Duft sind mir daher sehr wichtig.

Durch das Fenster konnte ich etwas hellblauen Himmel entdecken, und so versuchte ich, mir die frische Luft vorzustellen.

Ich atmete tief und war dankbar über diese frische imaginäre Brise.

Es ist erstaunlich, wie sehr wir uns überlisten können.

Kurz darauf kam eine Schwester und öffnete das Fenster. Wunderbar! Und ich hatte die Zeit gut überbrückt. Es war allemal sinnvoller, mich im Fokussieren zu trainieren, als zu „erstinken".

Himmelblau
bedeutet für mich:
Himmel,
Weite,
Klarheit,
Schutz.

„ICH LÄCHLE NICHT,
WEIL ICH GLÜCKLICH BIN,
SONDERN
ICH BIN GLÜCKLICH,
WEIL ICH LÄCHLE."

KANEKO IKEDA[10]

Nach drei Tagen konnte ich wieder nach Hause. Ich hatte Schmerzen in der linken Schulter. Auf der Seite wurde ja auch der Port entfernt, und die rechte Schulter sollte ich ruhig halten. Ich bat in der Klinik um Unterstützung für zu Hause für die nächsten 10 Tage. Zum Glück gab es über die Krankenkasse die Möglichkeit, eine Haushaltshilfe und eine Schwester zum Verbandswechsel zu bekommen.

Die Schwester war eigentlich ein Bruder, oder wie nennt man eine männliche Krankenschwester? Ach ja, Krankenpfleger. Und alle zusammen sind dann Krankenpfleger*innen. Das ist hier der einzige Moment, in dem ich in diesem Buch „gendere"! Wenn ich in den Nachrichten gegenderte Worte höre, habe ich immer das Gefühl, man hätte dort einen Schnitt im Ton gemacht. Es klingt immer wie ein Aufnahmefehler. Gender mal einen Goethe... Ich finde es den verschiedenen „Gendern" viel wertschätzender gegenüber, wenn ich mir die Ruhe und Zeit nehme, ihr Geschlecht auszuschreiben.

Es kamen also, ein Krankenpfleger zum Verbandswechsel und Haushaltshilfen, die mich auch bei der Körperpflege unterstützten.

Was mir in dieser Zeit unendlich viel gegeben hat, sind die vielen Naturdokus, Berichte über das Universum und wissenschaftliche TV-Sendungen oder mal wieder eine Folge „Hart aber herzlich". Ist diese Serie aus den 80ern nicht herrlich?! Und diese offensichtlichen Standdoubles. Herrlich!

Alles in allem fühlte ich mich nach diesem weiteren unerwarteten Eingriff, als wenn mich das Leben zum hundertsten Mal umgeworfen hätte. Das Entscheidende war jedoch, dass ich 101mal wieder aufstand oder mich zumindest hinkniete.

„Hon nin myo" immer wieder, von jetzt an. Ich ertappte mich dabei zu denken: „Ja, wie viele Herausforderungen denn nun noch?" Doch wenn das Leben unendlich ist und es kein Leben ohne Herausforderungen gibt, dann gibt es auch kein Ende dieser Challenge.

Vielleicht konnte ich es ja auch sportlich nehmen, wie ein Surfer, der sich über jede Welle freut.

Eine Fähigkeit kam mir hier wirklich zugute, und das war eine gewisse Trotzhaltung. Jetzt erst recht! Ich werde gesünder denn je!

Trotz kann – richtig dosiert und zur richtigen Zeit – sehr effektiv für das eigene Glück genutzt werden.

Die Heilung der Wunden dauerte eine ganze Weile. Der statistisch optimale Startzeitpunkt für eine Bestrahlung war verstrichen. Man riet mir dennoch, die Bestrahlung zu machen. Beim Vorgespräch wurde mir erklärt, dass ich bei meiner feinen Haut ganz sicher mit Reizungen oder sogar Verbrennungen zu rechnen hätte. Dies würde zwar erst nach ein paar Bestrahlungen einsetzen, doch damit müsste ich ganz sicher rechnen. Ich entgegnete: „Das muss doch aber nicht passieren?!" „Doch, doch, das wird bei Ihrer Haut ganz bestimmt schwierig werden. Aber es geht ja wieder weg!" „Aber, es kann doch auch sein, dass nichts passiert?!" „Doch, doch, doch, damit sollten Sie wirklich rechnen!" Wir fingen beide an zu lachen, weil die Situation einfach komisch war. Ich dachte dann einfach: „Wollen wir doch mal schauen! Ich chante jeden Tag drei Stunden Daimoku, und dann werden wir das Ergebnis ja sehen."

Ich hatte 27 Bestrahlungen vor mir und die an jedem Werktag. Sie taten überhaupt nicht weh. Ich spürte gar nichts.

Müdigkeit war das Einzige, was ich fühlte. Es gab Kontrolluntersuchungen vom Doc. Nach der 27. Bestrahlung stellte er nur eine ganz leichte Rötung meiner Haut fest und sagte: „Das ist aber „unerwartet"! Jetzt wird auch nichts mehr kommen." Ich erzählte ihm, dass ich zu Hause jeden Tag drei Stunden und auch während der Behandlung im Gerät gechantet hatte. Er lächelte: „Was Glaube ausmacht!"

Ich trank in der gesamten Zeit viel Wasser und cremte mir die Brust und das Umfeld täglich mit Bepanthen ein. Ich schickte Gefühle der Liebe zu den bestrahlten Zellen. Beim Chanten vibrierte mein ganzer Brustkorb, was dem Gewebe sicherlich richtig gut bekommen ist. Auch konnte ich dadurch besser abhusten. Die Bronchien waren durch die Bestrahlung ziemlich angeregt.

Nun hatte ich auch das hinter mir. Wieder einmal ein hervorragender Sieg. Erneut bin ich da einfach durchgetanzt. Auch meine Onkologin war sehr erstaunt, als sie feststellte, dass das Brustgewebe überhaupt nicht hart geworden war. Ich wusste gar nicht, dass das hätte passieren können. Umso besser!

Jetzt erwarten mich noch angleichende Operationen. Aber das bestrahlte Areal darf erst einmal heilen. Daher ist eine längere Pause ratsam.

Gleichzeitig findet eine antihormonelle Therapie statt. Fünf Jahre lang muss ich Tabletten einnehmen, die das Östrogen unterdrücken. Ich hatte viel Schlechtes darüber gehört und bekam wieder etwas Angst davor. Man hatte mittlerweile bei mir Osteoporose diagnostiziert, und diese Tabletten konnten das verstärken. Aber zum Glück gibt es auch hier eine Spritze, die die Funktion der Knochenfresszellen mindert.

Nach der Einnahme der ersten Tablette ging es mir nicht gut. Ich hatte Schmerzen in der Nacht. Fast im ganzen Körper. Wie sollte ich das 5 Jahre lang aushalten? Es gab die Überlegung, dass wir das Medikament unter Beobachtung während der Reha einschleichen. Doch der verantwortliche Arzt vor Ort wollte dadurch die Reha nicht riskieren. Er bat mich, die Einnahme der Tabletten auf die Zeit nach der Kur zu verschieben.

Noch während der Strahlentherapie konnte ich die Reha beantragen. Es gab eine Liste von Orten, die in Frage kamen. Ich hatte nur den einen Wunsch, ich wollte ans Meer. Ich schaute mir alle Angebote an und fand die Ostseeklinik Boltenhagen. Die Dame, die meine Anfrage bearbeitete, sagte im Vorfeld, dass die Ostsee oft schon ausgebucht sei. Wegen Corona könnte es noch schwieriger werden, einen freien Platz zu bekommen. Ich sollte ihr bitte meine ersten drei Favoriten auf der Liste ankreuzen.

Was soll ich sagen. Ich chantete für das Allerbeste. Und ich machte drei Kreuze bei Boltenhagen. Die Dame lachte und sagte, dass ich aber ganz schön entschlossen sei. Yep! Und ich habe einen Platz ergattert!

Früher bekam man eine Reha für 4 Wochen und konnte auf maximal 6 Wochen verlängern. Heute sind es noch 3 Wochen, und man kann maximal 5 Wochen in der Reha bleiben. Ich war entschlossen, die volle Zeit in Boltenhagen zu verbringen.

Ich packte meine neuen Koffer, die ich mir selbst zum Geburtstag geschenkt hatte. So fühlte ich reichlich Freude dabei und stellte mir vor, dass ich in den Urlaub fahren würde.

Bikini inklusive steckte ich alles Farbenfrohe ein. Auch meine Kühltasche war wieder prall gefüllt mit gesunden und leckeren

Lebensmitteln. Ich vertrage kein Gluten und daher brachte ich mir das ein oder andere lieber selbst mit.

Eine Reha ist wahrlich ein Teil der gesamten Therapie. Kyle und Deborah, die in Michigan/USA leben, konnten nur staunen. So etwas gab es in den Staaten nicht. Von der Rentenversicherung bezahlter „KUrlaub"?! Das war für mich auch noch mal ein Moment, um meine Dankbarkeit für das deutsche Gesundheitssystem richtig in mir tanzen zu lassen.

Ende Mai sollte es losgehen, und Micha fuhr mich den längsten Teil der Strecke in meinem Auto zur Ostsee. Er fuhr anschließend mit dem Zug zurück.

Es war Anreisetag, und somit viel zu tun für die Damen und Herren am Empfang. Man brachte mich auf mein Zimmer, doch der Geruch in diesem Raum war schwer zu ertragen. Ich bat sofort um einen Zimmerwechsel, sollte aber noch dort bleiben, da eine Schwester erst einmal einen Corona-Test machen würde. Nach negativem Ergebnis ging ich sofort wieder zur Rezeption und bat um ein anderes Zimmer. Die Klinik war ausgebucht. Ich ging nach draußen und chantete innerlich. Ich fragte mich, soll das eine Lernaufgabe für mich sein, dass ich solch einen Geruch ertragen lerne oder vielleicht doch eher, dass ich auf mich achte und für mich einstehe.

Nach einer Weile ging ich erneut zum Empfang. Ich sprach eine andere Dame auf mein Problem an. Sie sagte freundlich: „Einen Moment mal, da fällt mir etwas ein." Sie gab mir den Schlüssel für das Nebenzimmer und bat mich, mal hinein zu schnüffeln. Sie würde denken, dass es genauso duftet, jedoch sollte ich es mal probieren. Yipiiiii! Das Zimmer roch frisch!

Der Hauswart brachte mir meine Koffer hoch, und der erste Arzt-termin fand schon in Kürze statt.

Der Doktor schaute auf meine deformierte Brust und sagte, dass man das wieder hinbekommen könnte. Ich fand das sehr lieb. Wir einigten uns gleich zu Beginn, dass ich gerne die gesamten 5 Wo-chen bleiben wollte. Er sagte mir, dass ich diese Zeit genießen sollte. Er bat mich, so oft es nur ging barfuß am Strand entlang-zuwandern.

Danach gab es einen Termin bei der Diätassistentin. Sie würde mir an jedem Morgen einen Hirsebrei warm machen. Ich sagte, dass ich den Rest für mein Frühstück selbst besorgen würde. Leinsa-men, Walnüsse, Himbeeren, Honig und Bananen. Ui, liebe Sabine, wenn du das jetzt liest... ich weiß, ich sollte keine Bananen essen. Doch manchmal habe ich da einfach Heißhunger drauf. Hihi. Sa-bine hat mir viel über die für mich beste Ernährung beigebracht und sehr viel für meine Genesung gechantet. Sie hatte bei mir im-mer einen Milz-Qi-Mangel festgestellt. Doch nun, nach all diesen Brustkrebsbehandlungen, fühlte sie erstmalig an meinem Puls das Milz Qi ganz klar. Also gab es auch hier eine Verbesserung.

Ich packte meine Koffer aus, endlich ging es ans Meer. Es war noch etwas frisch, aber die Temperaturen fühlten sich wärmer an als in Berlin. Tiiiief einatmen und noch tiefer ausatmen. Möwen-gelächter. Weicher Sandstrand. Im Wind wehende Gräser. Oh, war das schön!

Ich hatte mir noch einmal vorgenommen, diesen dunklen Teppich in meiner Gefühlswelt in einen strahlend goldenen Teppich des Glücks zu wandeln.

Am Abend ging ich in den Speisesaal. Mein Platz war in der hintersten Ecke, gut abgeschirmt von allen anderen. Eine Plastikscheibe am Tisch sollte mich vor meinem Gegenüber schützen. Corona-Regeln...

Meine inneren Mundwinkel fielen etwas herab, als ich in diesem dunklen Bereich saß. Doch ich schaffte es schon recht gut, mich dauerhaft zu ermutigen. Ich dachte mir, dass ich doch auch in meinem Zimmer frühstücken könnte. Ich nehme mir einfach eine Kanne mit heißem Wasser, hole mir meinen Hirsebrei ab und bereite den Rest in meinem Raum zu. Von dort aus hatte ich einen wundervollen Ausblick. Ich konnte den Sonnenaufgang sehen, und mein großes Flügelfenster weit öffnen. So genoss ich eine Tasse Tee zu meinem leckeren Schmaus, lauschte den Möwen und fühlte mich wie im Urlaub.

Am nächsten Abend lernte ich Sylvia, meine Tischnachbarin, kennen. Gibt es nicht immer wieder diese Momente, in denen man an Fügung glaubt? Oder vielleicht ist es auch das Gesetz der Anziehung oder Ursache und Wirkung. Oder, so wie man in den Wald hineinruft, so schallt es auch wieder heraus... Sylvia und ich hatten uns in jedem Fall gefunden. Wir hatten viele gemeinsame Interessen und genossen lange Spaziergänge. Auch die Leidenschaft für die Fotografie teilten wir. Es war sehr angenehm, mit ihr die Gegend zu erkunden. Als es dann auch wärmer wurde, legten wir uns an den Strand in die Sonne. Das war wirklich Urlaubsfeeling. Ich hatte mir einen apricot farbenen Bikini gekauft und war glücklich darüber, wie toll mein Dekolleté aussah. Wir freuten uns darüber, dass es so viele tolle Motive zu fotografieren gab. Es entstanden einmalige Bilder.

Das Essen war leider nicht so toll. Ich bekam gleich zu Anfang der Reha Durchfall. Hätte ich das mal lieber nicht dem Arzt gegenüber erwähnt. Er steckte mich sofort in Quarantäne. So waren die Bestimmungen. Doch ich war emotional überfordert damit. Ich glaube, dass das etwas tief in mir aus der Kindheit getriggert hatte. Als ich als Kind den Schädelbruch mit anschließender Hirnhautentzündung hatte, musste ich lange Zeit in einem Isolierzimmer zubringen. Daher könnte ich mir gut vorstellen, dass sich das Gefühl von damals in dieser Situation noch einmal zeigte. Warum sollte ich sonst weinen, nur weil ich zwei Tage alleine im Zimmer verbringen sollte. Ich bat um ein Gespräch mit der Psychologin.

Wenn ich so darüber nachdenke, habe ich bis jetzt viermal um psychologische Beratung in meinem Leben gebeten: das erste Mal, nachdem meine große Liebe viel zu früh gestorben war, während der Kardio-Reha, dann bei der Reittherapie und nun bat ich hier um ein Gespräch. Alle glaubten, dass ich meine Probleme auch allein hinbekäme. Ich sei so stark und klar. Meine Reittherapeutin Antigone hatte genau diesen Punkt beleuchtet. Sie war auch davon überzeugt, dass ich alles alleine schaffen würde, es aber genau darum ging, nicht wieder alles alleine schaffen zu müssen.

Vor Kurzem gab ich ein Interview für eine Podcast Reihe. Hier sollten interessante Menschen vorgestellt werden. Mein Lebenslauf schien sehr spannend. Der Moderator stellte fest, dass ich alles immer wieder ohne Partner stemmen würde. Dies fand er bemerkenswert.

Auch eine Freundin sprach mich darauf an, dass ich immer wieder alleine etwas schaffen würde. Das war ein Punkt, der mich berührte. „Allein…"

So dachte ich, o.k., dann werde ich diese Zeit hier im Zimmer dafür nutzen, dieses Thema in meinem Leben mal etwas näher zu beleuchten.

Grundlegend denke ich, dass es besser ist, allein zu sein, als mit dem falschen Partner zusammen zu leben. Diese Situation kannte ich schon. Ich hatte damals nicht den Mut, meinen Partner zu verlassen, weil er so lieb war. Ich wollte ihn nicht verletzen, und das war falsch. Dass ich mich nach einer neuen Beziehung und einem bestimmten Menschen sehne, hatte ich ja schon erwähnt. Vorherige Partnerschaften hatten mich sicher etwas traumatisiert. Und auch der viel zu frühe Tod des Menschen, den ich 18 Jahre lang sehr geliebt hatte.

Dann öffnete ich mich nach ein paar Jahren erneut einem Mann, der jedoch selbst extrem traumatisiert war. Nach einer Weile erkannte ich, dass er Drogen konsumierte und mich ständig belogen und betrogen hatte. Ich wollte ihn zur Rede stellen und meine Sachen bei ihm abholen. Als ich kam und er die Tür hinter mir schloss, hatte ich ein sehr ungutes Gefühl. Er hatte wohl gerade gekokst. Er vergewaltigte mich im Stehen an der Wand. Er war fast zwei Köpfe größer als ich, und ich hatte keine Chance, so ließ ich einfach alles über mich ergehen.

Mit 16 Jahren wurde ich das erste Mal von zwei Männern gleichzeitig vergewaltigt. Ich machte mir damals Vorwürfe, dass ich mich vielleicht nicht genügend gewehrt hätte. Dies kam mir in dieser Situation in den Sinn, und so versuchte ich mich noch stärker zu befreien. Doch ich spürte sofort, dass er mir den Arm brechen würde, falls ich noch mehr dagegenhielte. Ich wusste, dass es vorbeigehen würde, und so war es auch. Ich fuhr nach Hause und wollte einfach nur noch duschen. Dann setzte ich mich vor den

Gohonzon und chantete. Mir wurde klar, dass ich als 16jährige genau richtig gehandelt hatte. Ich hätte damals gegen zwei Männer auch keine Chance gehabt.

Doch eines wurde mir klar, dass ich mir diesen Menschen ausgesucht hatte. Warum auch immer. Ich wusste, dass ich an mir arbeiten müsste, wollte ich dieses Karma drehen. Das nimmt ihn in keiner Weise aus seiner Verantwortung, doch konnte ich nur an mir selber arbeiten.

Karma hat nichts mit Schicksal zu tun. Als Karma bezeichnet man alle Gedanken, Worte und Taten, die man je hatte und hat. Daraus entsteht, was wir erleben. Wollen wir unser Karma ändern, dann ist es wichtig, unsere Gedanken, Worte und Handlungen zu ändern. Doch allein bei dem Gedanken, die eigenen Gedanken kontrollieren zu wollen, kann einem schwindelig werden. Es gibt einfach Verhaltensweisen, die ganz schön tief verankert sind. Doch gerade da ist Meditation ein sehr effektives Mittel, um Grundlegendes zu verändern, ohne sich oder eine Situation zu „veranalysieren".

Ich konnte also letztlich auch dieser Quarantäne etwas Positives abgewinnen. „Penetranter Optimismus" heißt für mich nicht, nur positiv zu denken. Es ist eher so, dass ich dem, was ich erlebe, ganz bewusst meinen Sinn gebe. Und ich bin entschlossen, allem etwas Positives entlocken zu können.

Diese vielen Erfahrungen hatte ich vielleicht ohne Partner gemacht, doch auf gar keinen Fall ganz allein. Ich spreche täglich mit meiner wirklich tollen Mutter, mit der ich über alles reden kann, und ich habe wundervolle Freunde. Das Chanten von Nam Myoho Renge Kyo erweckt ebenso immer wieder tiefe Hoffnung in mir und mehr als das, Mut und Weisheit.

Im Buddhismus nennt man dies „menschliche Revolution". Jede einzelne menschliche Revolution ist ein großartiger Beitrag für den Frieden in der Welt.

In diesem Prozess kann ich gar nicht alleine sein.

Ich fühle mich auch nicht, als hätte ich alles alleine gemeistert. Gerade diese unzähligen Ermutigungen von so vielen Menschen sind doch ein Beweis dafür, dass ich nicht alleine bin. Während der Pandemie mag man zwar oft räumlich getrennt sein, wenn man sich jedoch der Verbundenheit im Herzen öffnet, gibt es eine Ebene, die einem Kraft spenden kann.

Als ich zur Reha kam, musste ich mich zuerst einmal an die vielen Menschen gewöhnen, war ich doch anderthalb Jahre überwiegend allein gewesen. Kontakte zu anderen Menschen hatte ich ausschließlich bei den Behandlungen oder wenigen Spaziergängen mit Freunden im Park gehabt.

Ich musste mich an die Geräuschkulisse im Speisesaal gewöhnen. Da hatte ich mit meinem Frühstück auf dem Zimmer wirklich Glück. Es tat mir zwar etwas leid, dass ich Sylvia morgens immer alleine ließ, doch diese Zeit war wichtig für mich. Für sie war das kein Problem.

Bald gab es noch eine kleine Freude. Der Speisesaal wurde renoviert, und wir zogen in ein helles, freundliches Zelt um. So hatte sie am Morgen zwar nicht mich vor sich, aber sie blickte in Richtung Meer mit großen Blumenbüschen.

Es war angenehm, mit Sylvia Zeit zu verbringen. Wir hatten beide überhaupt kein Bedürfnis, über Krankheit zu sprechen.

Wir erwähnten kurz, warum wir in der Reha waren, aber ansonsten erfreuten wir uns einfach lieber an der Natur und der schönen Umgebung.

Ich bekam einige Gespräche von anderen Patienten und Patientinnen mit. Sie erzählten ihre traumatischen Erfahrungen jedem Menschen, der zuhörte. Für meine Genesung empfand ich es eher hinderlich, über meine Situation zu berichten. Es ging nicht darum, die Realität auszublenden, sondern darum, mich ganz bewusst für meine Gesundheit zu entscheiden. Man kann nicht gesunden, wenn man die ganze Zeit über Krankheit redet. Ein Austausch kann zwar hilfreich sein, doch wichtig ist es, worauf dabei die eigene Aufmerksamkeit gelenkt wird. Es kann guttun, sich mal alles von der Seele zu reden. Doch wenn man nur noch über die Krankheit und ihre Folgen spricht, wird es schwierig sein, sich wohlzufühlen.

Bei einer Patientin war wirklich alles schiefgelaufen, was nur schieflaufen konnte. Sie wirkte zwar nach außen hin sehr stark, doch erzählte sie immer wieder von dem, was sie erlebt hatte. Es war für mich offensichtlich, dass sie ihrer Heilung selbst im Weg stand. Ich lenkte das Thema auf schönere Dinge und meinte, dass es mir nicht guttun würde, über meine Erkrankung mehr als nötig zu sprechen. Dadurch entstünden im Körper negative Energien, die sich schlecht auf unsere Zellen auswirken könnten. Wir waren jedoch hier, um positive Energie zu tanken, um uns zu entspannen und loszulassen, um durch Sport Kraft aufzubauen und uns am Meer zu erholen. Therapiegespräche waren wichtig, aber auch den Kopf mal wieder frei zu bekommen bei einem wundervollen Strandspaziergang.

Etwas wachgerüttelt stimmte sie mir zu. Sie berichtete von ihrer Erfahrung mit einer Reiki-Meisterin, die ihr in der Klinik geholfen hatte, als sich entzündete Wunden an ihren Oberschenkeln nicht schließen wollten.

Sie hatte mit Reiki noch keine Berührungspunkte gehabt. Da sie aber sehr verzweifelt gewesen war, hatte sie sich der Behandlung gegenüber öffnen können. Am nächsten Tag waren schon Verbesserungen zu sehen, und innerhalb von nur wenigen Tagen waren die Wunden endlich geschlossen. Zwar ging es hier wieder um ihre Krankheit, aber zumindest um ein positives Erlebnis.

Auch ich ertappe mich dabei, dass ich etwas Negatives mehrfach erzähle. Zum Glück spüre ich sehr schnell, dass das nicht gut für mich ist, ähnlich wie Zucker essen. Es mag in einem Moment vielleicht sogar guttun, das Erlebte zu erzählen. Doch am Ende fühlt man sich meist leer. Die schlechte Erfahrung landet, als immer stärker werdender Jammergürtel auf den Hüften der Seele.

Es ist wirklich ganz schön schwierig, sich auf anderes zu konzentrieren, wenn eine Prägung so tief verankert ist. Doch gerade dann ist es äußerst wichtig sich „umzutrainieren". Dies ist vielleicht ein längerer Prozess, jedoch machbar. Und das ist das Entscheidende. Wir können uns ändern. Wir können unsere Geschichte neu schreiben. Wir können wahrlich glücklich werden oder sein und so richtig, auf allen vier Buchstaben sitzend, den goldenen Teppich des Glücks durch unser Leben fliegen. Aber dafür braucht man wohl erst einen Flugschein?

Als Kleinkinder sind wir einfach geflogen. Da vertraut man noch darauf, dass der Teppich von ganz alleine abhebt. Jetzt habe ich die Titelmelodie von Aladin im Ohr…

Woran glaubt man? Ich bin ohne Konfession aufgewachsen. Meine Eltern waren beide bildende Künstler und Grafiker. Sie arbeiteten sehr kreativ und waren ansonsten bodenständig, ihre Philosophie war die Natur selbst. In unserer Galerie hatte ich sehr früh Kontakt zu vielen anderen Künstlern. Die Unterhaltungen, die wir führten, waren sicher ganz anderer Natur, als die bei meinen Mitschülerinnen und Mitschülern zu Hause.

Im Alter von 8 Jahren las ich Franz Kafka „Das Urteil". Aber auch „Der dicke Löwe kommt zuletzt" von Max Kruse. Das war eines meiner Lieblingsbücher. Philosophische Gespräche waren an der Tagesordnung.

Vielleicht habe ich gerade deswegen einen Hang zur Wissenschaft, weil mir manches doch etwas abgehoben schien. Esoterisch halt… Für mich zählte der tatsächliche Beweis.

Diesen habe ich in meiner buddhistischen Praxis sehr oft erfahren. Ich bin froh, dass ich mich dem Chanten gegenüber öffnen konnte, denn es schien anfangs irgendwie komisch, einfach nur dazusitzen und Worte wiederholt auszusprechen, deren Bedeutung ich kaum kannte. Doch was zählte, waren die vielen positiven Erfahrungen, die ich damit gemacht habe.

Josei Toda, der zweite Präsident der SGI, war einmal bei einem Vortrag von Professor Albert Einstein. Danach sagte er wohl: „Irgendwann wird die Wissenschaft beweisen, warum Nam Myoho Renge Kyo funktioniert." Ich würde wohl kaum 37 Jahre chanten, wenn ich nicht schon einige „tatsächliche Beweise" in meinem Leben erfahren hätte.

Kapitel 6

Anschlussheilbehandlung
Das Segelschiff

Für den Strand hatte ich mein großes türkisfarbenes Badetuch mitgenommen. Ich habe das Gefühl, ich nehme Farben tief in mich auf. Als Jugendliche und junge Erwachsene hatte ich eine Phase, in der ich mich fast ausschließlich schwarz und beige kleidete. Das machte mich nicht nur extrem blass, ich sah auch, wenn ich mir alte Fotos anschaue, etwas traurig aus.

Es gab eine Zeit, in der ich ein ganzes Jahr lang nicht gechantet hatte. Eines Tages besuchte mich Marcella. Sie war auch Mitglied der buddhistischen Laienorganisation SGI. Ich kannte sie noch nicht und werde nie vergessen, wie sie bei unserem ersten Treffen vor meiner Tür stand. Auf der flachen Hand hielt sie eine kleine gelbe Schwimmkerze, die mit Folie nett verpackt war. Ich glaube, das war der Moment, als ich die Farben in mein Leben ließ. Sicher hatte ich zwei Kunstmaler als Eltern, und die Arbeit mit den Farben war ihre Existenzgrundlage. Doch ich fühlte mich überwiegend so beige wie meine Kleidung.

Gelb war Marcellas Lieblingsfarbe. Als ich sie zu Hause besuchte, fielen mir mehrere bunte Gegenstände auf. Mich berührte ihre Leidenschaft, wie sie über diese Dinge und ihre Farben sprach.

Türkis
ist für mich:
Schönheit,
Kraft,
Leichtigkeit.

„ICH HABE NICHTS DAGEGEN,
WENN MAN
DIE FARBE
SOGAR ZU FÜHLEN GLAUBT;
IHR EIGENES
EIGENSCHAFTLICHE
WÜRDE NUR DADURCH
NOCH MEHR BETÄTIGT."

JOHANN WOLFGANG VON GOETHE (1749-1832)[11]

Schritt für Schritt hielten Farben Einzug in meine Garderobe und die Einrichtung meiner Wohnung. Ich lebte damals noch mit einem Freund zusammen. Unser Zuhause war hübsch, hübsch beige mit ein paar Pflanzen. Nein, ich tue uns unrecht. Wir hatten auch wunderschöne Holzmöbel, zum Beispiel einen sehr schönen Esstisch und meinen Butsudan. So nennt man den Schrank, in den man den Gohonzon hängt. Das ist die Schriftrolle, vor der ich täglich chante.

Ich glaube, es war eher mein Gefühl, das farblos war, wenn ich an diese Zeit zurückdenke. Dabei ist das Leben so bunt und vielfältig!

Ich finde es wunderbar, dass wir so viele unterschiedliche Kulturen auf diesem Planeten haben. Es gibt einige, die ihre Lebensfreude mit kräftigen Farben präsentieren. Sie tanzen mit bunten Masken und Kostümen zu den verschiedensten Anlässen und sind damit eine wahre Bereicherung.

Auch finde ich es gut, dass es verschiedene Religionen und Philosophien gibt. Ich finde nur nicht gut, wenn Menschen diese zur Manipulation anderer einsetzen. Eine Religion oder Philosophie sollte immer zum Glück und nicht zum Unglück der Menschen führen.

Was gerade wieder auf der Welt geschieht, ist beängstigend. Wir tun gut daran, uns zu informieren und unerschütterlich Dialoge für ein friedliches Miteinander zu führen.

Wir schauen auf Umweltkatastrophen und einen respektlosen Umgang miteinander. Das alles erleben wir täglich. Auch das sind Stressfaktoren, die einen Heilungsprozess negativ beeinflussen können.

Ist es da nicht vielleicht eine gute Idee, den Entschluss zu fassen, ganz gesund zu werden, und damit das Banner der Hoffnung mit hochzuhalten und sich für eine bessere Welt zu engagieren? Wie war das? Freude geben und Leid nehmen! Und das kann so viel Spaß machen.

Ich denke, eine Lebensaufgabe zu haben, ist sehr wichtig oder überhaupt Ziele, Wünsche oder irgendeine Vorstellung von dem, was man noch erleben möchte. Der Lebenswille ist wichtig für die Genesung. Wenn man nicht wirklich weiß, wofür man gesundwerden will, dann ist es sehr viel schwieriger, in die Heilung zu kommen. Der beste Arzt kann einem dann nicht wirklich helfen. Ist man aber absolut entschlossen zu gesunden, dann kann selbst ein unfähiger Mediziner bei der Heilung unterstützen.

Darum teile ich meine Erfahrung, weil ich weiß, wie extrem wichtig die eigene Haltung und der Glaube an ein glückliches und gesundes Leben sind.

Das wissen auch viele Ärzte. Versuche einen Patienten zu heilen, der gar nicht gesunden will... (Er tut es vielleicht nicht bewusst, sondern aus dem Unterbewusstsein heraus.) Es wird dir jedenfalls nicht gelingen, die Patientin oder den Patienten in die Gesundheit zu bringen. Vielleicht kann man das eine oder andere Symptom lindern oder vorübergehend beheben, aber Gesundheit ist nicht unbedingt die Abwesenheit von Krankheit.

Gesundheit beginnt mit einer gesunden Geisteshaltung. Man denkt vielleicht: „Natürlich will ich gesund und glücklich sein!" Doch spürt man eventuell, dass einen da immer noch etwas zurückhält. Etwas, das erst noch erledigt werden sollte. Wie in dem wundervollen Gedicht: „Tanze, als ob dich niemand beobachtet." geschrieben steht.

Tanze,
als ob Dich niemand beobachtet!

Wir sind davon überzeugt, dass unser Leben besser sein wird, nachdem wir geheiratet haben, nachdem wir ein Kind bekommen haben oder ein zweites.

Dann sind wir frustriert darüber, dass die Kinder für dies oder das noch zu klein sind, und denken, es würde mehr Zufriedenheit einkehren, wenn sie etwas älter sind.

Danach sind wir genervt, weil wir es mit Teenagern zu tun haben.

Wir sind überzeugt davon, dass wir glücklicher sein werden, wenn die Kinder aus dieser Phase heraus sind.

Wir reden uns ein, dass wir uns rundum wohler fühlen würden, wenn unser/e Partner/in seine/ihre Angelegenheiten auf die Reihe bekämen..., wenn wir ein neues Auto hätten ..., wenn wir einen schönen Urlaub verlebten ..., wenn wir erst einmal Rentner wären.

Doch, wenn wir nicht JETZT ein erfülltes Leben glücklich genießen, wann dann?

Dein Leben wird immer voller Herausforderungen sein. Es ist besser, sich selbst diese Tatsache einzugestehen und den Entschluss zu fassen, auf jeden Fall glücklich zu sein.

Eines meiner Lieblingszitate stammt von Alfred D' Souza. Er sagt:

Für eine lange Zeit kam es mir so vor, als wenn das Leben nun bald beginnen würde – das richtige Leben! Aber es war immer irgendein Hindernis im Weg; etwas, das noch Zeit brauchte, eine Schuld, die noch nicht beglichen war. (...)

Dann würde das Leben beginnen. Doch schließlich dämmerte mir, dass diese Hindernisse mein Leben sind.

Diese Perspektive der Wahrnehmung half mir zu begreifen, dass es keinen Weg zum Glück gibt.

Das Glück ist der Weg.

Deshalb:

Wertschätze jeden Augenblick Deines Lebens.

Und wertschätze es umso mehr, weil Du es mit einer ganz besonderen Person teilen kannst, einer Person, die so besonders ist, kostbare Lebenszeit mit Dir zu verbringen ...
Und denke daran, dass die Zeit auf niemand wartet.

Darum höre auf zu warten, bis du die Schule abschließt, bis du wieder zur Schule gehst, bis du zehn Pfund abgenommen hast, bis du zehn Pfund zugenommen hast, bis du Kinder bekommen hast, bis die Kinder aus dem Haus gegangen sind. Hör auf zu warten, bis du anfängst zu arbeiten, bis du Rente beziehen kannst, bis du geheiratet hast, bis du geschieden bist. Hör auf zu warten, bis es Freitagabend ist, bis es Sonntagmorgen ist, bis du ein neues Auto oder Haus hast. Hör auf zu warten, bis es Frühling, Sommer, Herbst oder Winter ist, bis du keine Sozialhilfe mehr beziehen musst, bis es der erste oder fünfzehnte des Monats ist, bis du groß rauskommst, bis du stirbst, bis du wiedergeboren wirst und entschließe dich dazu, dass es keinen besseren Zeitpunkt gibt, um glücklich zu werden, als genau diesen Moment.

Glück und Lebensfreude sind kein Ziel, sondern eine Reise.

Gedanken für diesen Tag:

Arbeite,
als wenn du kein Geld bräuchtest.

Liebe,
als wenn du niemals enttäuscht worden wärst

und tanze,
als ob dich niemand beobachtet.[12]

Ich war schon öfter an wundervollen Orten und konnte mich auch der Schönheit meiner Umgebung öffnen. Doch da war immer dieses Gefühl, das sich in seiner Essenz einfach unangenehm anfühlte. Ich möchte nicht sagen, dass es eine tief empfundene Einsamkeit oder Trauer war, dies würde das Gefühl nicht präzise genug beschreiben. Es war auf jeden Fall eine Empfindung, die mich das Hier und Jetzt nicht vollkommen genießen ließ. Oft hatte ich das Gefühl, wenn dies oder jenes so oder so wäre, dann wäre ich sicher glücklicher. Doch durch mein jahrzehntelanges Studium des Buddhismus Nichirens wusste ich, dass das kein Ansatz für wahre Veränderung war. Ich musste es schaffen, etwas in mir zu verändern.

Ein Ausspruch, den ich nicht nur im buddhistischen Studium gehört habe, ermutigte mich des Öfteren: „Die, die am traurigsten waren, werden am glücklichsten werden." Das bedeutet nicht, dass man erst ganz traurig sein muss, um glücklich zu werden. Jedoch liegt der Gedanke nahe, dass man nach großem Leid die Freude einfach noch mehr zu schätzen weiß.

Ein weiterer Ausspruch war: „Nam Myoho Renge Kyo ist das Schiff, die See des Leidens zu durchqueren." Als junge Frau empfand ich die Vorstellung von einer „See des Leidens" gruselig.

Das Schiff war also Nam Myoho Renge Kyo, und die See des Leidens alle die Leid verursachenden Dinge des Lebens. Ich konnte die positive Kraft dieser Aussage lange nicht verstehen.

Doch ein wundervoller Moment während der Anschlussheilbehandlung nach den Brustkrebstherapien veränderte meine Sichtweise auf diesen Satz vollständig.

Sylvia, die ich bei der Kur kennengelernt hatte, und ich spazierten öfter zu dem kleinen Hafen Weiße Wiek. Wir sahen ein großes Plakat, auf dem eine Tour zu Robben angeboten wurde. Da wurden meine Augen groß! Das war wirklich etwas Schönes, und ich wollte es unbedingt erleben. Das wäre sicher auch ein tolles Erlebnis für meine Mutter und meinen Bruder, die mich in der Reha besuchen wollten. Ich freute mich riesig, gemeinsam mit ihnen Zeit an der Ostsee zu verbringen. Sie hatten auch Lust, auf einem Kutter zur Robbenbank zu schippern. Meine Mutter war zwar in Berlin-Pankow geboren, ist aber in Hamburg aufgewachsen. Also ist sie ein Kind der Küste, könnte man sagen. Mein Großvater besaß auch zwei Schiffe, Hummel 1 und Hummel 2. Ich musste schmunzeln, als ich in dem kleinen Hafen ein Bötchen mit dem Namen Hummel entdeckte.

Gunda, mein Bruderherz Ossip, Sylvia und ich freuten uns auf einen Ausflug auf dem Wasser. Vorsorglich rief ich bei dem Veranstalter an und fragte, ob man auch den Kutter exklusiv mieten konnte, damit man nicht so dicht an dicht sitzen müsste. Das war machbar und auch erschwinglich. Ich wurde allerdings telefonisch nochmals gefragt, ob nicht doch noch zwei Personen mitkommen dürften. Kein Problem, wir sind ja nette Menschen. So fuhren wir zur Weißen Wiek und meldeten uns wie besprochen im Hafenbüro. Sylvia und ich hatten ja schon alles erkundet und wussten, wo das Büro war und wie wir anschließend zu dem „Kutter" kommen würden. Wir bezahlten direkt beim Kapitän, und der schickte uns mit dem Bootsmann zum Schiff.

Äh, einen Augenblick bitte, wir gehen doch in die falsche Richtung?! „Ne, ne, wir ha'm schon alles vorbereitet. Is schon richtig so!" rief mir der Bootsmann mit norddeutschem Slang zu. Aha.

Ich sah aber gar keinen Kutter. Zumindest nicht den, den wir zuvor gesehen hatten. Er führte uns auf einen sehr schmalen Steg, und ich dachte, dass dann sicher gleich jemand den Kutter „vorfahren" würde. Doch warum nicht an dieser Stelle mal wieder etwas „Unerwartetes"?!

Der Bootsmann blieb vor einem fantastischen Segelschiff stehen und bat uns an Bord. Uns allen ist die Kinnlade heruntergefallen. So ein wunderschönes Schiff! Wenn ich mir hätte eines kaufen wollen, dann exakt solch ein Prachtexemplar. Es wurden noch zwei Passagiere mit an Bord geschmuggelt. Doch das sei verziehen, denn es handelte sich um die Eltern des Bootsmannes. Sie hatten vor vielen Jahren auf einem Boot geheiratet.

So segelten wir los. Nach kurzer Zeit setzten mein Bruder und ich uns auf das Vorderdeck. Sylvia stand hinter uns, und meine Mutter saß mit den anderen Passagieren beim Kapitän. Wir hatten richtig Fahrt aufgenommen, und die Wellen spritzten quer übers Deck. So bekam ich dann eine „Ostseetaufe", die den Kapitän und seinen Bootsmann sehr belustigte. Die Sonne blitzte immer wieder an den vereinzelten Wolken vorbei, und so war mir warm genug. Meine Mutter rief mich zu sich und erzählte mir, dass die Eltern des Bootsmannes Hochzeitstag feierten. Sie fragte mich, ob ich nicht etwas für das Paar singen wollte. Ich stimmte sofort zu, und so planten wir heimlich diese kleine unerwartete Überraschung für des Bootsmannes Eltern. Der Kapitän holte die Segel ein, damit es ruhig genug war, um meinen Gesang und die Musik vom Handy zu hören. Das Paar wunderte sich, warum wir uns auf einmal mitten auf der Ostsee treiben ließen. Doch dann lüftete ich das Geheimnis und sang für sie „What a wonderful world". Ja, da kullerten ein paar Tränen. Es war ein herzlicher Augenblick.

Und es stellte sich heraus, dass die Mama des Bootsmannes als Krankenschwester in der Reha arbeitete, in der Sylvia und ich gerade unseren KUrlaub machten.

Doch dann schnell wieder Segel gesetzt und Fahrt aufgenommen! So trocknete der Wind die Freudentränen.

Ossip und ich genossen noch einen weiteren Ritt auf dem Vorderdeck.

Dieser Moment war einer der schönsten in meinem Leben. Ich fühlte mich völlig frei. Kein dunkler Gefühlsteppich. Absolut vollkommen. Ein Vorbote auf das Lebensgefühl, das ich erreichen wollte.

Es fühlte sich fröhlich und leicht, angenehm und überraschend an. Wir waren wirklich alle glücklich. Robben hatten wir zwar keine gesehen, aber das war auch ganz egal.

Mir kam der buddhistische Satz: „Das Schiff, die See des Leidens zu überqueren" in den Sinn, und auf einmal war mir die tiefe Bedeutung dieses Ausspruchs bewusst.

Es gibt kein Leben ohne Leid. Entscheidend ist, welche Basis man hat, welche „Glaubenshaltung". Was hält einen in der Kraft? Wir alle haben das Potential, unglaublich stark zu sein, mutig und weise und noch vieles mehr. Wir alle haben die Möglichkeit, scheinbar Unmögliches möglich zu machen.

Nam Myoho Renge Kyo wird als das Schiff bezeichnet, weil dich dein starker Glaube durch alles Leid hindurch tragen kann. Und das sogar mit großer Freude an Bord.

So wie ich mich in der ganzen Zeit auf dieser Reise der Erkrankung getragen gefühlt habe, von meinem Umfeld und ganz besonders von meinem Willen, dem Ganzen einen guten Sinn zu geben.

Yoshi antwortete einmal auf die Frage nach dem Sinn des Lebens mit folgenden Worten: „Was, wenn das Leben keinen Sinn hat? Was, wenn der einzige Sinn darin bestünde, dass WIR dem Leben einen Sinn geben?"

Ich finde diesen Gedanken wundervoll. Es zeigt eine große Eigenverantwortung. Was ist für mich der Sinn meines Lebens? Nur ich kann meinem Leben einen Sinn geben. Und nur ich kann diesen auch wieder ändern, wenn ich mag.

Seit der Krebsdiagnose habe ich einen wesentlichen Sinn für mein Leben noch tiefer entfaltet. Glücklich sein! Den Teppich verwandeln. Sicher habe ich das Glück schon immer im Visier gehabt. Doch es fühlt sich an, als würde ich hier ein Geschenk von meinem Tumor erhalten haben.

Die Angst vor der Krebstherapie scheint mir die nötige Anregungsenergie verliehen zu haben, meine Tür zum Leben aufzustoßen.

Das Meer ist für mich ein Sinnbild für so viele Gefühle, zum Beispiel die Angst vor der Tiefe und der Dunkelheit. Andere Menschen wiederum lieben diese. Sie forschen und filmen in ihr mit großer Freude und offenbaren dadurch fantastische Welten mit unglaublichen Kreaturen.

Ich liebe das Surfen auf den Wellen oder durch Korallenbänke zu schnorcheln. Das Auf und Ab auf einem Schiff. Das Meer birgt auch ein tiefes Gefühl der Hoffnung, symbolisiert es doch den ewigen Anfang, den Beginn allen Lebens.

Naturdokus anzuschauen, hat mir schon oft geholfen, Wogen von unangenehmen Gefühlen zu besänftigen. Es ist so erstaunlich, was das Leben an Vielfalt hervorgebracht hat und weiterhin kreiert. Diese Filme anzuschauen oder in die Natur zu gehen, macht mir den Kopf wieder frei und verbindet mich mit einer fundamentalen Kraft.

Ich hatte einmal ein interessantes Erlebnis. Spinnen waren nicht gerade meine Favoriten unter den Geschöpfen, und bei Vogelspinnen hörte der Spaß wirklich auf. In diesem Fall kommt es denn dann doch auf die Größe an... In einer Doku über Vogelspinnen wurde über die medizinische Behandlung eines Tieres berichtet. Die Spinne hatte eine Erkrankung an ihrem Hinterleib. Ohne Operation hätte sie daran sterben können. Die Fürsorge der Tierärzte hatte mein Herz direkt erreicht, und ich begann Mitgefühl für die Spinne zu empfinden. Die Angst und Ablehnung, die ich zu Beginn der Dokumentation empfunden hatte, verschwanden gänzlich.

Mitgefühl ist eine meiner stärkeren Fähigkeiten. Ich verspüre Mitgefühl selbst Menschen gegenüber, die mich sehr verletzt haben. Gefühle von Hass oder Groll kenne ich zum Glück nicht. Darüber bin ich sehr dankbar, denn ich habe gesehen, was diese mit Menschen machen können.

Generell fühle ich mich sofort angesprochen, Hilfe anzubieten, wenn es jemandem nicht gut geht.

Als ich Kind war, hatte ich oft das Gefühl, die Traurigkeit der Menschen zu spüren. War es vielleicht meine eigene, die ich auf mein Umfeld projizierte? Oder war es wirklich so, dass ich zum Beispiel beim Vorbeifahren an Hochhäusern die Traurigkeit der Menschen, die dort wohnten, spüren konnte? Ehrlich gesagt, weiß ich es nicht genau, kann mir aber beides vorstellen.

Jahrzehnte später sagte Sabine zu mir, ich sollte doch mal versuchen, mit meiner Energie bei mir zu bleiben. Ich versuchte das wirklich zu verstehen, denn ich war der Meinung, dass ich das schon tat. Doch meine Antennen für das Leid anderer waren sehr fein.

Die Zeit der Pandemie und die lange Behandlungsphase hatten zur Folge, dass ich eigentlich nur noch zu Hause sein oder im Park spazieren gehen konnte. Das gab mir mehr und mehr die Möglichkeit, Sabines Anregung zu begreifen. Ohne Pandemie hätte ich während der Chemotherapie ganz sicher andere Menschen getroffen, um sie zu unterstützen oder wäre für Kinder in den Kliniken aufgetreten.

Nun aber setzte ich mich intensiv mit mir und meiner Wohnung auseinander. Es gab so Vieles, das ich aussortieren wollte.

Ich verschenkte viel und konnte auch einiges verkaufen. Je mehr ich weggab, desto leichter fühlte ich mich.

Dieses Gefühl der Leichtigkeit nahm ich auch mit in die Reha. Ich spürte erstmalig bewusst, was es bedeutet, „bei mir" zu bleiben und nicht „im Außen" zu sein.

Ich glaube, dass wir alle andere Menschen sehr klar spüren können. So wie wir auch alle etwas mit unseren Fingern ertasten können. Doch es gibt feinfühlige und grober fühlende Menschen. Bei manchen ist das ein guter Schutz, andere haben das einfach nicht trainiert oder wählen bewusst die Distanz.

Für die Zeit der Reha hatte ich mir vorgenommen, „bei mir" zu bleiben und den sogenannten Lotusblüteneffekt zu üben. Ich chantete für das Glück von allen und vor allem für meines. In dieser Philosophie, die ich praktiziere, sieht man die Dinge nicht getrennt voneinander. Alles ist mit allem verbunden. Somit ist das Chanten für alle eigentlich vollkommen ausreichend, denn es schließt mich ja mit ein.

Ich spürte, wie ich mich emotional entwickelte. In meinem Leben führte ich viele Gespräche und bekam dadurch mit, dass es einige Menschen gibt, die chronisch ein schlechtes Gewissen hatten. Dieses Gefühl kannte ich auch, und ich wünschte mir, immer davon frei zu sein. Woher es kam, wusste ich nicht. Jetzt endlich spürte ich, dass es mich mehr und mehr verließ, und das war wundervoll. Es tauchte bis heute auch nicht mehr auf.

Früher hätte ich ein schlechtes Gewissen gehabt, wenn ich jemanden alleine hätte frühstücken lassen, während ich es mir woanders gemütlicher machte.

Auch bei Gesprächen mit anderen konnte ich nun ihre Themen mit Leichtigkeit bei ihnen lassen. Ich wünschte ihnen, dass sie glücklich werden und blieb bei mir und meinen Gefühlen.

Ich glaube, dass wir als Kinder Prägungen erfahren, die sich beim Älterwerden immer stärker vertiefen können. Wir empfinden Gefühle, die eigentlich nicht wirklich etwas mit unserer aktuellen „Realität" zu tun haben. Wir wachen zum Beispiel in unserer warmen Wohnung in einem weichen Bett auf, es gibt keine akute Bedrohung, doch da ist dieses altvertraute, tendenziell negative Gefühl.

Dies ist eine Programmierung unseres Körpers. Man könnte sagen, dass unsere Zellen im Körper durch negative Erfahrungen mit negativer Energie gefüttert wurden. Dann wachen wir morgens auf, und unser Körper lässt uns diese Energie spüren. Wir versuchen gleich dieses Gefühl einer Person oder Situation zuzuschreiben, um somit eine Erklärung für das Unwohlsein zu haben. Diese Prozesse laufen meist unbewusst ab.

Doch wenn man sie wahrnimmt, kann man in diesem Augenblick den Schalter umlegen. Wie schon erwähnt, könnte man den Fokus auf das weiche Kopfkissen lenken und intensiv das Gefühl wahrnehmen, wie angenehm es sich anfühlt. Die Matratze spüren, fühlen, dass man getragen ist, und wo genau man Kontakt mit der Unterlage hat. Welcher Körperteil fühlt sich gerade angenehm an? Was sind da sonst noch für Gefühle? Und welche Qualitäten haben diese?

Achtsamkeitstraining und Meditation sind absolut effektiv, will man sich besser fühlen.

In unserer schnelllebigen Zeit mit den vielen Anforderungen, die das Leben heutzutage für die meisten von uns mit sich bringt, ist es wichtig, nicht nur Körper- sondern auch Psychohygiene zu betreiben. Es prasseln täglich so viele Informationen auf uns ein, und diese wollen alle von unserem Verstand verarbeitet werden.

Die Entspannung ist nach einem Tag der Anspannung elementar. Leider führt das bei einigen Menschen dazu, sich abends mit Alkohol „runterzuholen", und am nächsten Morgen soll es dann vielleicht ein starker Kaffee zum Aufputschen sein. Der Teufelskreis ist bekannt. Kaffee kann, in Maßen genossen, sehr gesund sein. Auch Alkohol kann gute Eigenschaften besitzen. Entscheidend ist, wie oft man ihn konsumiert und warum.

Als ich eine halbseitige Lähmung wegen des doppelten Bandscheibenvorfalls hatte, riet mir mein Arzt, die starken Schmerzmittel am Abend abzusetzen und stattdessen lieber ein Glas Rotwein zu trinken. Dieser sei entzündungshemmend und muskelentspannend. Gesagt getan. Es funktionierte gut. Ich habe auch auf Grund einer Alkoholvergiftung im Kindesalter keinen Wunsch, regelmäßig Alkohol zu trinken. So war es auch kein Problem für mich, das abendliche Gläschen wieder wegzulassen, als es meinem Rücken wieder besser ging.

Ein gesunder Darm ist die Basis für einen gesunden Körper. Das haben wir sicher alle schon einmal gehört. Und ich habe schon beschrieben, was für eine Kraft ich während der Chemo bekommen hatte. Meine Ernährung war fantastisch, und als ich später meinen Speiseplan wieder etwas breiter aufstellte... Stückchen Torte und so... merkte ich sehr schnell, dass mir das nicht unbedingt guttat.

Ich suchte eine Gastroenterologin auf, die auf das Mikrobiom spezialisiert war. Sie untersuchte genauestens, wie mein Mikrobiom zusammengesetzt war. Anhand einer Stuhlprobe konnte sie feststellen, welche Bakterien zu viel und welche zu wenig in meinem Darm vorhanden waren. Ich bekam eine Beratung, welche Lebensmittel ich meiden und welche ich vermehrt essen sollte. Auch spezielle Darmbakterien sollte ich mir in der Apotheke kaufen.

Ich wurde auf das Thema Darmgesundheit aufmerksam, als ich wegen meines Immundefektes recherchierte. In einer TV-Sendung wurde über Menschen mit chronischen Erkrankungen sowie CFS berichtet. In diesem Zusammenhang wurde über die Bedeutung des Mikrobioms gesprochen. Es würde spezielle Arztpraxen geben, die sich dem Thema Darmgesundheit bei Autoimmunerkrankungen widmen.

Kurz nach der ersten OP lernte ich Diana kennen. Ihr Mann Carsten hatte ihr von mir erzählt. Sie hatte gerade eine Brustkrebserkrankung hinter sich und bot mir ein Gespräch an. Sie riet mir, mich mit der „Gesellschaft für Biologische Krebsabwehr"[13] in Verbindung zu setzen. Dort bekam ich konkrete Tipps, was mich während der Chemo unterstützen könnte. Zum Beispiel wurde mir geraten, während der gesamten Therapie täglich Selen und Zink einzunehmen.

Nach einem Bluttest wurde festgestellt, welche Stoffe mir fehlten und welche ich unter Beobachtung halten sollte. Man empfahl mir noch Vitamin D3 für den Knochenaufbau und B6 für das Immun- und Nervensystem einzunehmen. Zum Glück hatte ich bisher keine Neuropathien bekommen. Es ging mir so gut wie lange nicht.

Während der Reha bekam mir das Essen der Großküche nicht so gut. Da war ich überglücklich, als Sylvia und ich auf einer unserer Wanderungen einen kleinen Bioladen ausmachten, der sogar ein Café mit Garten hatte. Wann immer uns danach war, gingen wir dort in Ruhe frühstücken. Lecker und gesund! Auch den Mittagstisch ließ ich gerne mal unter den selbigen fallen. Wir hatten ein wirklich tolles Restaurant ausgemacht. Das Essen war so lecker, dass ich mich am liebsten dort täglich eingefunden hätte.

Als erstes hatten wir jedoch ein entzückendes Café nahe der Seebrücke entdeckt. Die Kuchen dort waren göttlich und die Tees ein Traum. Ich weiß noch, dass wir umherliefen und an zwei Cafés vorbeigingen, weil mir das Ambiente nicht zusagte. Ich wollte mich einfach nicht selber „abspeisen". Es hat sich sehr gelohnt, nicht das Erstbeste zu nehmen.

Nach einem leckeren Stück Kuchen mit Himbeertee gingen wir dann meist erst auf die Seebrücke und dann barfuß am Strand entlang zurück zur Klinik. Das waren einige Kilometer, die da so am Tag zusammenkamen.

Sylvia und ich waren fest entschlossen, unsere gemeinsamen Tage mit Lebensfreude zu füllen. Und das ist uns gut gelungen. Wir haben uns nach manchen Abendessen an den Strand gesetzt und wundervolle Sonnenuntergänge fotografiert. Traumurlaubsfotos...!

Oder wir wanderten durch den Boltenhagener Urwald. Ja, in der Tat gibt es dort einen Urwald. Das Vogelgezwitscher klang dort wirklich etwas anders als in den an der Küste liegenden Waldabschnitten. Es klang irgendwie... „urwaldmäßig".

Bei den vielen Spaziergängen konzentrierte ich mich darauf, tief ein- und auszuatmen. Ich bin mir selbst dankbar dafür, dass ich das bis heute konsequent täglich praktiziere.

Die Kurklinik bot auch einen Kurs für Atemtherapie an. Doch jetzt kommt es: Dieser wurde wegen Corona ausschließlich im Gymnastikraum und mit FFP2-Maske durchgeführt. Es verwunderte nicht, dass so manch einem Patienten etwas duselig wurde.

Alles, was wir irgendwie aufnehmen, macht etwas mit uns. Daher sollten wir achtsam sein: achtsam bei der Ernährung, bei der Atmung, bei dem, was man sich anschaut und anhört. Wenn wir in einem Gespräch sind, dass uns herunterzieht, haben wir die Freiheit, dies zu sagen und in letzter Konsequenz auch ein Gespräch zu beenden. Man wird auch nicht den TV-Sender einschalten, der einem gar nicht behagt. Meist sucht man sich gezielt das aus, was man sich anschauen möchte. Doch ist es mir auch schon passiert, dass ich mir dummen Kram anschaute, der mir überhaupt nicht guttat.

Sich selbst zu lieben und wertzuschätzen bedeutet, sich zu achten. Du bist ein Wunder! Du bist so weit gekommen, und du kannst alles drehen! Du bist hier, um dich und andere Wunder des Lebens zu bewundern.

Sicher, über manche Dinge kann man sich nur wundern…. Aber Scherz beiseite: Glaubst du wirklich, dass du hier bist, um zu leiden?

Ich habe mir viele Vorträge über die Energie unseres Körpers und unseres Geistes angesehen. Es ist klar, dass man vieles mit dem Verstand begreifen kann.

Solange man etwas aber nicht emotional verinnerlicht hat, wird man, obwohl man weiß, dass etwas nicht gut für einen ist, dieses Verhalten so lange wiederholen, bis es endlich „klick" macht. Manchmal braucht es viele Jahre dazu. Doch wir haben immer nur den jetzigen Augenblick. Darum sollte man sich nicht von dem negativen Gefühl des Versagens oder Bedauerns leiten lassen, egal, was vorher war.

Jetzt ist die beste Zeit, etwas zu verändern. Ich betone noch einmal, wenn das Licht eine Million Mal ausgeschaltet wurde, ist das einzig Entscheidende, es eine Million und ein Mal wieder anzumachen. Es ist gut, stets die Hoffnung zu behalten und sich immer auf die höchste Energie zu fokussieren. Doch das vergessen wir oft schnell.

Nichiren Daishonin hatte im 13. Jahrhundert den Gohonzon[14], die Schriftrolle, vor der ich chante, genau aus diesem Grund eingeschrieben. Er wusste, dass die Menschen dem „aus den Augen, aus dem Sinn" erliegen. Und so schrieb er das Lebensgesetz mit Sumi-Tinte auf. So wollte er seine Schüler vor dieser Tendenz schützen. Sie würden sich, dank des Gohonzons, täglich auf ihre Buddhanatur ausrichten. Ich bin ihm sehr dankbar dafür.

An einem sonnigen Nachmittag saßen wir zu dritt im Vorgarten der Klinik und unterhielten uns über diese unfassbar starke Kraft des Lebens. Isabelle fragte mich: „Una, was ist anders bei dir? Du strahlst eine solche Kraft aus!" Ich erzählte ihr von meiner buddhistischen Praxis, und einige Zeit später begann sie zu chanten. Ich suchte Mitglieder der SGI-D[15], die in ihrer häuslichen Umgebung praktizierten, mit denen sie sich treffen könnte.

Corona forderte uns auf, etwas kreativer zu werden. Eine Gruppe in Braunschweig war in ihrer Umgebung. Diese traf sich an jedem Mittwochabend per Zoom. Bis heute treffen wir uns alle einmal in der Woche online und chanten gemeinsam. Das hätten wir ohne Corona wahrscheinlich anders gehandhabt. Ich hätte dann nicht so häufig als Gast dabei sein können. So bin ich aber sehr dankbar, weil ich dadurch wundervolle neue Freunde kennen gelernt habe.

Ich habe für mich verstanden, penetranten Optimismus zu leben. Schaut man sich die Alternative an, ist das leicht zu verstehen. Gepaart mit meinem kreativen Dickkopf habe ich auf diesem Wege eine große Kraftquelle für mich erschließen können.

Sylvias Reha war zu Ende, und sie reiste ab. Wir hatten uns liebgewonnen, und so liefen ein paar Tränchen.

Ich blieb noch eine weitere Woche in der Reha und dachte, dass ich ja schon alles gesehen hätte. Die gegenüberliegende Kinder-Kardio-Reha hatte ich schon mit Aponi-CDs versorgt. Die naheliegende Schmetterlingsfarm hatte ich auch schon besichtigt.

Diese großen, blauschillernden Morphofalter haben mich sehr beeindruckt, was sind das nur für zauberhafte Wesen! Ich trat in das Habitat, und nur einige Augenblicke später umkreisten mich einige dieser Exemplare. Ihre Leichtigkeit und Schönheit waren verzaubernd. Auch andere Arten flatterten durch die Lüfte. Der große Raum war wunderschön angelegt, mit exotischen Pflanzen ausgestattet, die gerade ihre riesigen Blüten zur Schau stellten.

Ich sprach mit dem Besitzer und gab ihm einige CDs von Aponi für seinen Shop. Er freute sich, so vielleicht unseren Verein unterstüt-

zen zu können. Ich erzählte ihm, warum ich gerade in der Strand-
klinik Boltenhagen war. Daraufhin lud er mich ein, seine Schmetterlinge kostenfrei zu bewundern.

Es sind diese kleinen zwischenmenschlichen Gesten, die das Leben so bereichern. Ich steckte später eine Spende in den Topf
und fuhr mit einem breiten Grinsen im Gesicht zurück an den
Strand.

Es gab da aber noch etwas, das ich so gerne besuchen wollte: einen Pferdehof „Küstenpferde". Dort wurden auch Strandausritte
angeboten. Zwar durfte ich auf Grund der Osteoporose nicht
mehr reiten, doch allein die Vorstellung erfüllte mich mit Freude.
Ich spazierte zum Pferdehof und fand keinen richtigen Eingang.
Es gab zwar eine Einfahrt, aber ich traute mich nicht, einfach an
der Schranke vorbeizugehen. So versuchte ich, auf anderen Wegen an die Koppeln zu gelangen. Ich wollte einfach nur diese wundervollen Tiere sehen und am liebsten streicheln. Doch es gab
kein Herankommen. Mit leicht hängendem Kopf machte ich mich
auf den Heimweg.

Doch da war er wieder, der Dickkopf. Ich suchte mir die Telefon-
nummer im Netz und rief bei „Küstenpferde" an. Der Hausherr
persönlich lud mich zu einem Rundgang aufs Gelände ein. Er bat
mich, in ca. einer Stunde erneut vorbeizukommen und einfach an
der Schranke vorbei auf den Hof zu gehen.

Eine freundliche schwarze Katze begrüßte mich schon auf der
Einfahrt und schmuste um mich herum. Sie begleitete mich bis
zum Haus. Ich bekam nicht nur eine Rundführung, sondern hörte
auch die Geschichte des Reiterhofs.

Ein Pferd im Stall war mir gleich zugetan, und wir standen Stirn an Stirn. Eine Begrüßung, als hätten wir uns lange nicht gesehen. Ich hatte weitere Fragen und wollte gerne ein Foto mit den Pferden machen, um es auf unserer Vereinsseite zu posten. Der Besitzer bat mich um einen Moment Geduld. Er würde seine Frau Christine bitten, mit mir zu sprechen, da sie sich um die Öffentlichkeitsarbeit kümmerte. Sie kam herunter, und wir gingen zu den Ponys. Die gäben ein schönes Bild für unsere Kinderseite ab. Beim Fotografieren unterhielten wir uns über den Beginn ihres Reiterhofes. Sie erzählte mir, dass sie u.a. einige Pferde aufgenommen und somit vor dem Schlachter gerettet hätten.

Ich spürte, dass es Christine nicht gut ging, und sprach sie behutsam darauf an.

Sie öffnete mir ihr Herz, und kurze Zeit später ahnte ich, dass eine Umarmung jetzt das Beste für sie sein könnte. Hier waren wir, zwei sich völlig unbekannte Menschen, die sich gerade zum ersten Mal trafen, und wir lagen uns in den Armen. Mir wurde nun noch klarer, warum ich den starken Drang hatte, diesen Reiterhof zu besuchen.

Ich erzählte ihr von der buddhistischen Praxis, und sie wollte es gerne ausprobieren. So verabredeten wir uns für den nächsten Tag und trafen uns erst einmal zum Kaffeetrinken. Ihre Mutter hatte Kuchen mitgebracht. So war es Tradition in ihrer Familie. Wir kamen irgendwie auf das Thema Gesang, und so bat man mich, etwas zum Besten zu geben. Das tat ich sehr gerne. Ich fühlte mich wohl mit dem alten Haushund Alex an meiner Seite, mit netten Menschen schöne Gespräche führend und dem Blick auf wunderschöne Pferde. Anschließend chanteten wir gemeinsam, und Christine bot mir an, mir am nächsten Tag Reiki zu geben. Was für ein Geschenk! Ich freute mich darauf, und es war ein wundervoller Abschluss für eine sehr schöne Reha-Zeit.

Mir ging es am Ende der Reha wirklich besser. Auch dank einer sehr guten Physiotherapeutin, die ich einmal wöchentlich aufsuchen durfte. Eine tolle Frau. Voller Lebenskraft und Freude. Mit zwei starken Kindern. Sie gab mir noch einmal den Ansporn, an jedem zweiten Tag Sport zu treiben. Und das half meiner Schulter sehr. Ich ziehe es bis heute durch und steigere mein Trainingspensum Schritt für Schritt.

Kapitel 7

Wieder Zuhause
Glück als Ursache

Ich fühlte mich am Ende der Reha so kraftvoll, dass ich mich entschloss, alleine in meinem Auto nach Berlin zu fahren. Es war eine ca. 3stündige Fahrt. Bestes Reisewetter. Zu Hause angekommen, trug ich nur den kleinen Koffer nach oben. Der große war zu schwer. Ich nahm immer kleine Mengen heraus, die ich ohne Anstrengung in die dritte Etage tragen konnte.

Früher hätte ich versucht, den schweren Koffer allein nach oben zu zerren, doch ich habe wirklich gelernt, auf mich zu achten!

Später ging ich in den Park. Der Sommer war mit all seiner Vielfalt und Pracht in dem großen Garten angekommen. Das war wunderschön anzuschauen, doch ich brauchte ein paar Tage, um Boltenhagen loszulassen. Ich dachte an die frische Luft an der Küste und die Lachmöwen, die mir so viel Freude bereiteten, wenn sie ihrem Namen alle Ehre machten. Sie erzählten sich sicher ständig irgendwelche Witze, denn es hörte sich oft so an, als würden sie sich vor Lachen nicht mehr halten können.

Die schöne Natur und die Weite, die fantastischen Sonnenuntergänge und die Fahrt auf dem Segelboot, all das vermisste ich schon auf der Heimfahrt. Vor allem aber die frische Luft. Der Breezometer meiner iPhone-Wetter-App zeigt fast dauerhaft mäßige bis schlechte Luft für Berlin an. Selten ist sie gut. Sehr gut hatte er noch gar nicht angezeigt. An der Ostsee hingegen war die Luftqualität meistens sehr gut. Ich stellte erstmalig in meinem Leben fest, dass ich mir vorstellen konnte, aus Berlin wegzuziehen. Rauf an die Küste. Naja, mal schauen, was mein Leben noch so bereithält.

Ich fahre oft zu meiner Mutter nach Hohen Neuendorf. Dort ist die Luft überwiegend gut. Das ist doch schon mal was. Wir genießen gemeinsame Waldspaziergänge, bei denen wir die steten Veränderungen der Natur beobachten. Leuchtende Pilze und samtweiche Moose, schillernde Insekten und komplexe Bauten von Ameisenhügeln, all das und noch viel mehr begeistert uns. Ein Hochgenuss ist für mich der Duft der Nadelhölzer. Ich liebe Kiefern und Fichten.

Ich trainiere mich weiter in Achtsamkeit, versuche mich an allem zu erfreuen und mich so zu fühlen, wie ich mich fühlen möchte.

Meist glauben wir, dass wir erst glücklich sein werden, wenn wir gesund sind oder den Partner haben oder den Job oder das Auto. Doch all das wollen wir nur, weil wir glauben, dass es uns damit besser ginge. Und dabei haben wir schon so viele andere Dinge und sind trotzdem nicht glücklich.

Ich war an fantastischen Urlaubsorten. Ich habe das Auto, das ich mir wünschte. Ich war in einer Beziehung, doch war ich deswegen glücklich? Vorübergehend machte mich all das sicher glücklich, doch auf Dauer?

Ich dachte mir, wenn ich diesen langen Weg der Krebstherapie schon gehen muss, dann deswegen, weil ich bei einer kurzen Therapie nicht nachhaltig mein Verhalten beziehungsweise meine Gefühle geändert hätte.

Glücklich sein als Ursache ist wie eine Art Lebensgesetz. Wenn du bewusst dein Glück „einschaltest", dann erfährst du immer mehr

Umstände, die dich immer glücklicher machen. Wenn man achtsam genug ist, die kleinen fiesen Gedanken, die einen wieder in eine Traurigkeit oder in den Ärger lenken wollen, rechtzeitig zu erkennen, dann kann man diese in ihre Schranken weisen. Es ist, als hätte man ein geistiges Immunsystem.

Wenn ich das so betrachte, dann könnte ich glauben, dass mein autoaggressives Immunsystem meine zum Teil autoaggressiven Gedanken spiegelte.

Ich habe aber keine Lust mehr auf dieses Lebensgefühl und bin überaus dankbar, dass ich verschiedene Ansätze gefunden habe, um es zu verändern.

Wichtig ist, dass man sich nicht dafür tadelt, wenn man wieder in eine Phase rutscht, in der man sich unwohl fühlt. In diesen Augenblicken wird dem „höheren Selbst" noch klarer, was es eigentlich will. Daher hat auch diese Zeit ihre Berechtigung.

Es ist so, als würde man sagen, dass einem alle Menschen ein Vorbild sind. Die einen dafür, wie man sich auch gerne verhalten möchte und die anderen, wie man sich auf gar keinen Fall verhalten möchte.

Ich begann mein „Glücksfokus-Training" etwas spielerischer zu betrachten.

Es war mir wichtig, ein Gespür dafür zu bekommen, welche Gedanken für mein Glück förderlich waren und welche dem entgegenwirkten.

Auch konnte es hilfreich sein, das verletzte Ego hier und da etwas auszutricksen.

Die meisten haben sicher schon Bekanntschaft mit ihrem bockigen inneren Kind gemacht, das oft überhaupt nicht zu Wort kommen darf und schon gar nicht, wenn man gerade eine Chemotherapie machen muss.

Bevor wir anfingen, in Kinderkrebsstationen aufzutreten, erkundigten wir uns, was wir beachten sollten, wenn wir zu den Kindern gingen. Es wurde uns erklärt, dass wir uns nicht demotivieren lassen sollten, wenn das eine oder andere Kind unsere Aufführung nicht ansehen wollte. Die Kinder müssten so viel über sich ergehen lassen und könnten nicht einfach nein sagen. Doch jetzt, wenn sie sich frei entscheiden dürften, ob sie unser Musical anschauen wollten oder eben nicht, könnten sie endlich einmal NEIN zu etwas sagen. Das haben wir in der Tat nur einmal erlebt, aber das Kind kam später doch noch zu unserer Aufführung.

Auch als Erwachsene reagieren wir manchmal noch „bockig". Wenn wir das aber wissen und dieses Trotzgefühl bewusst ausleben, kann es uns auch guttun. Ratsam ist es, dies den Mitmenschen klar zu kommunizieren. So gibt es weniger Missverständnisse und Stresspotential.

Die Kraft des Fokussierens habe ich auf den Kinderkrankenstationen auch erleben dürfen. Eines Nachmittags traten wir mit unseren singenden Schmetterlingen im Waldkrankenhaus Spandau auf. Zwei Mädchen gesellten sich zu uns, wobei die eine ohne Unterbrechung hustete. Es war offensichtlich, dass es ihr nicht gut ging. Wir machten uns ernsthaft Sorgen, ob sie ersticken würde. Doch es war immer eine Schwester in der Nähe, und so sangen wir weiter. Das Mädchen wurde ruhiger und nahm uns mehr und mehr wahr. Schon beim dritten Lied sang sie mit uns mit. Das war ein unvergesslicher Augenblick.

Genauso können wir uns auch ablenken. Die sogenannte „Realität", die wir gerade erleben, ist nur ein zeitlich begrenztes Phänomen. Sie verändert sich ständig. Und wenn wir verstanden haben, dass wir mit einem höheren Lebenszustand bessere Realitäten erschaffen, dann begreifen wir, dass wir uns generell um unsere höhere Energie bemühen müssen.

Wir sind vollkommen frei zu entscheiden. Wir sind sogar so frei, dass wir wählen können, ob wir von etwas oder jemandem abhängig sein möchten.

**Orange
fühlt sich für mich an wie
Indien,
Sonnenuntergang,
Wärme.**

„ES GIBT EINE
VERNUNFT DES HERZENS,
DIE DER VERSTAND
NICHT KENNT,
MAN ERFÄHRT ES
BEI TAUSEND DINGEN."

BLAISE PASCAL (1623-1662)

RELIGIONSPHILOSOPH UND NATURWISSENSCHAFTLER,
BEGRÜNDER DER WAHRSCHEINLICHKEITSRECHNUNG[16]

Ich hatte mich zu Hause wieder eingelebt. Jetzt sollte die letzte Phase der Krebsbehandlung beginnen. Ich fühlte wieder das Damoklesschwert der Angst über mir. Doch ich war fest entschlossen, auch diese Episode erfolgreich hinter mich zu bringen. Ich hatte während der Reha von einigen Frauen gehört, welche Probleme sie durch die Antihormonelle Therapie bekamen. Ich versuchte, mir meine Erfahrung mit der Chemotherapie als positives Beispiel zu nehmen und war wieder entschlossen zu siegen.

Ich begann also, das Medikament mit einer halben Tablette täglich einzuschleichen. Doch nach etwa einer Woche erfuhr ich zu meinem Entsetzen, dass Titaniumdioxid unter den Zusatzstoffen in diesen Tabletten war. Dieser Stoff steht im Verdacht, krebserregend zu sein. In Frankreich hatte man ihn schon aus Lebensmitteln verbannt. Er hat nur den Sinn und Zweck, zum Beispiel eine Tablette weißer und glänzender zu machen. Er ist kein Trägermittel und hat auch keine sonstigen Funktionen. Bei Lebensmitteln ist er in Süßigkeiten, Käse und anderen Produkten versteckt. Ich hatte es schon in Ibuprofen gefunden und nach einem Hersteller recherchiert, der das Schmerzmittel auch ohne Titaniumdioxid herstellte.

Bei dem östrogenunterdrückenden Medikament war das nicht so einfach. So rief ich beim Bundesgesundheitsministerium an und war positiv überrascht, als ich mit einer kompetenten Ärztin verbunden wurde. Es leuchtete ihr ein, dass ich wenig Sinn darin sah, ein Medikament präventiv gegen eine erneute Krebserkrankung einzunehmen, wenn ein Zusatzstoff im Medikament selbst in Verdacht stand, krebserregend zu sein.

Sie recherchierte mit mir am Telefon über eine Stunde nach einem Hersteller, der ohne E171 oder CI 77891 (wie es im Kürzel heißt) produzieren würde. Doch Fehlanzeige. Alle enthielten Titaniumdioxid.

Es gab jetzt nur noch eine Chance. Das Vorläufermedikament unterdrückte zwar nicht das Östrogen im Körper, aber es besetzte die Andockstellen der Zellen. So konnte das Östrogen nicht mehr wirken. Margot hatte dasselbe Medikament vor 15 Jahren bekommen, und es ging ihr ganz gut damit. Wir fanden fünf Hersteller, die dieses Medikament ohne die potentiell gefährliche Zutat produzierten. Ich war wirklich dankbar. So auch meine Onkologin. Sie wusste nichts von dieser Gefahr und war sehr glücklich, dass ich schon die ganze Recherche durchgeführt hatte. Die Liste der unbedenklichen Medikamente und die Kontaktdaten zu der Ärztin vom Bundesministerium übergab ich ihr.

Ich war dankbar, dass ich Dinge hinterfrage und meinem Bauchgefühl trauen konnte. Die Unterstützung seitens des Bundesministeriums war vorbildlich. Nun wurde auch in Deutschland Titaniumdioxid zumindest schon einmal in Lebensmitteln verboten, und bald wird es auch nicht mehr in Tabletten erlaubt sein.

Ich hielt nun also das neue Medikament in den Händen und schrieb einfach auf die Packung, was ich mir wünschte: Optimale Wirkung! Nebenwirkungsfrei! Wohlfühlen! Gesundheit! Und weiteres. Dann begann die Therapie, und ich kann nur sagen, dass ich bis jetzt keine Nebenwirkungen verspüre. Hitzewallungen hatte ich schon vorher. Und auch hier half das Chanten sehr. Aber auch ein reduzierter Zuckerkonsum war förderlich. Gerade habe ich festgestellt, dass die Einnahme von Biotin mit Selen und Zink einen überaus positiven Effekt auf meinen „Privatsommer", so nennt meine Mama ihre Hitzewallungen, zu haben scheint.

Packungsbeilagen von Medikamenten lese ich mir nur durch, wenn ich Symptome feststelle, die eventuell durch die Einnahme des Medikamentes verursacht wurden. Ich lese mir den Beipackzettel nicht im Vorfeld durch, da ich weiß, dass ich allein durch die Angst vor Nebenwirkungen diese hervorrufen kann. Es ist ähnlich wie bei dem Placebo-Effekt: Suggestion ist nicht zu unterschätzen.

Ich habe noch zwei weitere Operationen vor mir. Die rechte Brust könnte korrigiert und die linke dann angeglichen werden. Es ist ein gutes Gefühl, dass ich die Zeit selbst bestimmen kann. Ein Jahr Pause scheint mir das Minimum. Ich weiß, dass die Arbeit an mir und meinem Lebenszustand sehr viel wichtiger ist, als eine „perfekte" Brust zu haben.

Doch auch wenn es nicht so aussehen mag, so ist meine Brust für mich jetzt schon perfekt.

Ich hatte vorher immer etwas an mir auszusetzen. Täglich unterzog ich mich meinem kritischen Blick im Spiegel. Unser gesellschaftliches Bild vom „Schönheitsideal" machte das nicht gerade leichter.

Ich erinnere mich an den Tanzunterricht in Milton's Tanzstudio.[17] Ich fühlte mich nicht schlank genug und trug ein viel zu großes T-Shirt. Mein Tanzlehrer sagte mir eindringlich, dass er so nicht sehen kann, ob ich mich richtig bewegte. Ich sollte das T-Shirt ausziehen oder hochknoten, ansonsten dürfte ich seinen Unterricht sofort verlassen. Ja, die Pubertät war keine leichte Zeit für mich.

Ein weiteres Geschenk dieses Tumors war also, dass ich diese Selbstkritik ein für alle Mal abgelegt hatte.

Wie konnte es denn sein, dass ich die Schönheit von anderen Menschen sah, auch wenn sie vielleicht nicht dem allgemeinen Schönheitsideal entsprach, meine eigene aber nicht erkannte? Wie konnte ich es zulassen, dass ich mich selbst geringschätzte?

Die Wertschätzung für meinen Körper stieg mehr und mehr, je intensiver ich mich einfach nur auf mein „Wohlgefühl" konzentrierte.

Ich kann das nicht oft genug wiederholen. Selbst wenn fast der ganze Körper wehzutun scheint, so gibt es sicher eine Stelle, die sich gut anfühlt. Und so gibt es auch sicher eine Stelle, die einem an sich selbst gefällt. Die Konzentration darauf ist entscheidend für eine positive Veränderung.

Wenn man auf der Autobahn fährt und ein Hindernis entdeckt, ist es wichtig, die freie Fahrbahn zu fokussieren. Unser Gehirn wird daraufhin alle Sinne und Bewegungen ausrichten, diesem Weg zu folgen. Sollte man das Hindernis aber taxieren, so ist es sehr wahrscheinlich, dass man dieses dann auch trifft, weil alle Aufmerksamkeit darauf gerichtet ist.

Eine weitere Autofahrmetapher ist die folgende. Es ist nicht entscheidend, den ganzen Weg vor sich zu sehen. Wenn man zum Beispiel in der Nacht eine Reise von ca. 200 km unternimmt, dann kann man nicht den ganzen Weg auf einmal vor sich erkennen. Aber dank der Scheinwerfer sieht man die 20 Meter direkt vor einem. Man sieht die nächsten 20 und die nächsten 20 und so erreicht man sein Ziel sicher.

Der Weg ist das Ziel. Das hatte ich schon so oft gehört, doch in der Tiefe empfunden habe ich diesen Satz erst jetzt. Immer gab es da irgendetwas, das noch erreicht werden musste, oder ich spürte einfach diesen dunklen Teppich. Ich habe verstanden, dass es darum geht, sich im Hier und Jetzt wohlzufühlen.

Sicher haben wir viele Gedanken, die uns daran hindern. Wir tun gut daran, unsere Gedanken zu hinterfragen und ihnen nicht blind zu vertrauen.

Es gibt Millionen Gründe, warum man nicht glücklich sein kann. Und es gibt sicher noch viel mehr Gründe, um sich zu freuen.

Freude und Liebe werden leider kaum an Schulen gelehrt. Achtsamkeit und Meditation halten langsam Einzug in die Klassenzimmer, und ich hoffe, dass es da noch viel mehr Entwicklung geben wird.

Das, was uns wahrlich glücklich macht, liegt in uns. Solange wir im Außen suchen, werden wir unerfüllt durch das Leben gehen. Es gibt einfach diesen wesentlichen Unterschied zwischen vorübergehender Freude und absoluter Freude.

Weil ich so viel über Traurigkeit geschrieben habe, möchte ich kurz erwähnen, dass man gerade dieses Wort sicher nicht wählen würde, wenn man mein Wesen beschriebe. Und ganz sicher habe ich dieses Gefühl, gerade wegen meiner intensiven buddhistischen Praxis, sehr gut gemeistert. Doch trotzdem fühlte ich mich oft so, als würde ich „aushalten" oder „durchhalten". Ich hatte dieses wunderschöne Zitat gelesen:

„Deine Aufgabe als Buddhistin und Buddhist ist nicht, das Leid zu meistern, sondern absolut glücklich zu (werden) sein!"[18]

Daisaku Ikeda, der dritte Präsident der SGI, sagte: „Bitte werden Sie absolut glücklich, das ist das Einzige, worum ich Sie wirklich bitte!"

Eine wundervolle Aufforderung. Wie viele wünschen sich, wahrlich glücklich zu sein und schieben die Erfüllung dieses Wunsches ihr ganzes Leben lang vor sich her?

Aber ich kann doch nicht glücklich sein, wenn ich Brustkrebs habe!? Doch, kann ich! Wenn ich begreife, dass ich mich von negativen Gefühlen freimachen kann. Nicht, dass das immer einfach wäre, und wie schon erwähnt, hat auch die Trauer ihren Sinn.

Sich von etwas freizumachen, wird besonders dann zur Herausforderung, wenn zum Beispiel unser Partner immer wieder die Knöpfe drückt, die unsere seelischen Schmerzpunkte reizen. Kann er nicht endlich aufhören, dies oder jenes zu tun?! Ich wäre glücklicher, wenn er sich so oder so verhielte.

Wenn wir unser Glück wirklich abhängig von dem Verhalten unseres Partners oder unserer Partnerin machen, dann stecken wir echt in der Klemme. Je mehr wir etwas vom Gegenüber erwarten, umso weniger werden wir in der Regel von dem ersehnten Verhalten erleben.

Sollte es wirklich die Aufgabe unserer Herzensmenschen sein, uns glücklich zu machen? Würden sie das jemals schaffen? Sicher nicht. Irgendwann könnte ein Punkt erreicht sein, an dem man feststellt, dass man gar nicht mag, dass ein anderer Mensch einem alle Wünsche von den Lippen abliest. Das wäre auf die Dauer reichlich langweilig. Und wir wären in einer großen Abhängigkeit.

Irgendwo habe ich einmal Folgendes gelesen: „Der Teufel hat das Glück in den Herzen der Menschen versteckt, weil sie dort am wenigsten suchen würden." Schlaues Teufelchen. Mag man da nicht doch lieber schlauer sein?

Ich glaube, man tut gut daran, die Menschen um sich herum „freizusprechen". Sie zumindest nicht für die eigenen Gefühle verantwortlich zu machen.

Es geht mir bei diesem Gedanken nicht darum, alles zu entschuldigen oder nicht gegen Ungerechtigkeit aufzustehen. Ich glaube, dass der eigene Lebenszustand entscheidend ist, in welche Richtung sich eine Situation oder Beziehung entwickelt.

Wie schnell ist man dabei, die eigenen Kinder zu kritisieren oder ihrem Verhalten sogar mit Sarkasmus zu begegnen. Das hat mit Liebe nicht viel zu tun.

Wenn wir lernen, mit uns selbst liebevoll umzugehen, dann wird das auch unserem Umfeld zugutekommen. Es werden sich Dinge ändern, von denen man geglaubt hatte, dass sie sich nie ändern könnten.

Vor vielen Jahren stritt ich mich mit meinem Vater. Es war kein Streit, der offen ausgetragen wurde. Konflikte wurden nur selten angesprochen. Schließlich hatte ich sein Verhalten mir gegenüber satt. Wir sprachen ein Jahr lang nicht miteinander.

Ich wusste damals, dass ich dadurch im Konflikt mit meiner buddhistischen Ausübung stand. Die erste der drei Leitlinien der SGI ist: Starker Glaube für eine harmonische Familie.

Doch es brauchte dieses Jahr Pause, um meine Ansicht zu verändern, dass mein Vater sich ja falsch verhalten hätte und er somit das Gespräch mit mir suchen müsste. Ich sprach mit Yoshi, und er sagte zu mir: „Der Buddha würde immer handeln."

Na, gut. Ich chantete viel, rief meinen Vater an und bat ihn um eine Aussprache. Es gab einige Punkte, die ich ansprechen wollte.

Einer davon war, dass ich nicht das Gefühl hatte, er würde sich freuen, mich als Tochter zu haben. Wenn ich ihn besuchte, hatte er mich manchmal kaum wahrgenommen oder begrüßt.

Ich denke, wir waren beide sehr aufgeregt bei diesem Telefonat. Doch ich fühlte mich gut, weil sich endlich etwas tat. Unsere erste Verabredung platzte, doch die zweite fand statt. Wir trafen uns in einem italienischen Restaurant. Wir saßen auf einer Empore, die wie ein breiter Balkon angelegt war. Man konnte von dort das ganze Restaurant überschauen. Wie auf einer Piazza. Ich hatte den Tisch für eine Zeit reserviert, in der wir da oben alleine sein würden.

Wir redeten und redeten. So hatten wir uns noch nie zuvor unterhalten. Ich erzählte ihm alles, was mich störte und vor allem aber, was ich mir für uns wünschen würde. Und ich fragte ihn, was er denn am liebsten für eine Vater-Tochter-Beziehung führen würde.

Dieser Tag läutete eine Wende für uns ein. Ich hatte mein kleines Ego besiegt und bekam als Wirkung eine wesentlich bessere Verbindung zu meinem Vater.

Nun unterstützte er auch meine Arbeit für die Kinder in den Krankenhäusern. Er malte und ergänzte Bilder auf unserem ersten Bühnenbild. Das war ein schönes gemeinsames Arbeiten. Wir waren ein Team von 60 Personen und verfolgten gemeinsam das Ziel, eine tolle Musicalaufführung für schwer kranke Kinder zu verwirklichen, und das alles auf ehrenamtlicher Basis.

Nach nur dreimonatiger Produktions- und Probenphase hatten wir unsere Premiere in der „Weiße Rose" in Berlin-Schöneberg.

Da der Eingang von der Straße aus nicht eindeutig ersichtlich war, plotterte meine Mutter grüne Schildkröten-Aufkleber. Wir erwähnten auf der Einladung, dass man der grünen Schildkröte folgen sollte. Wir durften in dieser Jugend-Kultur-Einrichtung auch proben, und man half uns, die Einladungen für die Premiere zu verteilen. Wir waren überwältigt, es hatten sich über 500 Kinder angemeldet. Wir planten eine Doppelaufführung mit jeweils 250 Gästen.

Die Premiere war ein voller Erfolg. Das Publikum tobte. Wir wussten nun, dass es den Kindern in Krankenhäusern und Hospizen sicher auch gefallen würde, was wir für sie vorbereitet hatten.

Ich glaube, dass mein Vater recht stolz über diese gemeinsame Aktivität war. Er wusste auch, dass das für mich ein Schritt zurück ins Leben gewesen ist. Ich hatte damals mit dem viel zu frühen Tod des Mannes, den ich liebte, schwer zu kämpfen. Doch am Beginn dieses Projektes war mir schon klar, dass ich aus dem ganzen Leid sehr viel Freude machen würde. Gift in Medizin verwandeln!

Ist das nicht ein schöner Ansatz? Es fühlt sich für mich sehr nah an dem Satz an, dass man nicht hier auf der Erde sei, um das Leid zu meistern, sondern um glücklich zu sein.

Wenn ich also schon Schwierigkeiten überwinden musste, dann sollte das auch zu einer deutlichen Verbesserung führen. Wie mit meinem Herzschrittmacher... und der Chemo... und manch anderem.

Kapitel 8

Papa
Visualisieren

Mein Vater erkrankte bald darauf an seinen Augen. Er hatte immer gesagt, dass, falls er erblinden würde, er sich das Leben nehmen würde. Er hatte beidseitig eine Makuladegeneration. Ich begleitete ihn bei jeder Untersuchung und bei jedem Aufenthalt in der Augenklinik. So stand ich auch nach einer Operation neben ihm, als der Chirurg ihm sagte, dass der Eingriff leider erfolglos gewesen war und er jetzt technisch gesehen blind sei.

Ich hielt seine Hand und mir war, als hätte mir jemand ein Messer in den Magen gerammt. Ich glaube, dass ihm bis dahin sein Augenlicht sein Leben bedeutet hatte.

Er fiel sofort in eine Depression. Psychopharmaka würden erst nach ca. 6 Wochen helfen, wenn überhaupt. Zwar bekam er welche verschrieben, doch noch wichtiger waren jetzt Gespräche und an seiner Seite zu sein.

Auch wenn meine Eltern schon lange geschieden waren, so hielten wir als Familie ganz fest zusammen.

Wir bekamen als Unterstützung eine Pflegerin, die ihn zwei- bis dreimal am Tag aufsuchte. Doch mein Vater hatte nur einen Wunsch: „Ich will sterben, mein Schatz." Ich antwortete: „Ja, Paps, ich weiß! Aber das kannst du immer noch. Und das wirst du auch irgendwann. Aber jetzt ist erst einmal die Zeit, die Dinge anders zu betrachten."

Ich war energisch und klar und wusste, dass er sich an meiner Klarheit stützen könnte. Auch wenn er selbst nicht chanten würde, ging es mir darum, ihm die Essenz dieser Lebenskraft zu vermitteln. Wir hatten intensivste Gespräche, und er sagte immer, wenn ich ihm Dinge über den Buddhismus Nichirens erzählte: „Das kann ich alles so unterschreiben!" Irgendwann konnte er sich vollkommen dieser Philosophie öffnen. Ich sagte ihm, dass er jetzt lernen müsse, mit seinem inneren Auge zu sehen und dass er eventuell noch mehr entdecken würde, als er bisher mit seinen gesunden Augen wahrnehmen konnte.

Es war ein langer Weg und ein ständiges Auf und Ab. Ich überlegte, wie ich am besten für ihn chanten konnte. Welcher Gedanke war für sein Glück am besten? Ich versuchte es hier mit der Kopfstrategie. Dabei geht es beim Chanten von Nam Myoho Renge Kyo um die Strategie des Lotus Sutras, um das Glauben und nicht um das verzweifelte Suchen nach Lösungen. Gar nicht immer so einfach, oder?!

Ich rief Yoshi an, und er riet mir, für MEIN Glück zu chanten. Eltern seien eins zu eins mit ihren Kindern verbunden. Wenn ich glücklich bin und diesen höchsten Lebenszustand erreiche, dann tun sie es auch. Ich versuchte, meinen inneren Zweifler in den Urlaub zu schicken und tat genau das, was mir empfohlen war. Nur zwei Tage später rief mich mein Vater an und sagte, dass er mir unbedingt etwas erzählen müsse.

Er war mit der Krankenschwester und seinem Hund auf dem Feld hinter der Laubenkolonie gewesen. Dort hätte er auf einmal die Schönheit dieser Welt gesehen. „Das war so wundervoll, einfach unbeschreiblich. Das muss wohl das sein, was du mit Buddhaschaft meinst!"

Ich bekam eine solche Gänsehaut! Wenn man so lange versucht, einem Menschen den Lebensfunken wieder mit anzuzünden und dann eine so wunderschöne Wende miterlebt, dann ist das wirklich ein ganz besonderer Augenblick.

Wir erlebten noch einige, ganz besondere Momente.

Auch einen, den ich nie vergessen kann, weil er wirklich ganz speziell war.

Ich hatte ein neues Auto und wollte meinen Vater mit einer kleinen Spazierfahrt überraschen. Ich ging ins Haus. Mein Vater lag mit dem Rücken zum Fenster und zur Einfahrt. Er begrüßte mich mit den Worten: „Wow, hast du einen tollen neuen Wagen! Der ist schön groß. Eine tolle Farbe!" Ich war sichtlich erstaunt und fragte ihn, woher er das wüsste. Er sagte, dass er das doch gerade gesehen hätte und dass mein Wagen silbern sei. Das konnte er jedoch gar nicht wissen, weil wir darüber überhaupt nicht gesprochen hatten. Ich fragte ihn, wie er das, mit dem Rücken zur Tür liegend und dann noch durch die Gardinen, habe sehen können.

Soviel zum Dritten Auge. Ich habe mich damit nie beschäftigt, aber diese neue Fähigkeit meines Vaters, würde ich als Sehen mit dem dritten Auge bezeichnen wollen.

Dinge gibt's… Aber ich war ja auch schon als Kind außerhalb meines Körpers und habe auch schon einmal Dinge vorhergesehen oder geträumt.

Die Kindheit meines Vaters war geprägt durch die Kriegsereignisse. Mein Vater gab ein Interview für ein Buch zum Thema „Flucht und Immigration." So erfuhr ich noch mehr über diese schreckliche Zeit.

Er musste aus Ostpreußen fliehen. Zu Hause hatte er mit anschauen müssen, wie seine Schwester vergewaltigt wurde, und auf der langen Zugfahrt gab es Schusswechsel und Tote. Man schubste einen Mann einfach aus dem Abteil und mein Vater stand daneben.

Mir wurden viele Charaktereigenschaften meines Papas klarer, nachdem ich das alles gehört hatte. Vergeben hatte ich ihm schon länger. Ich hatte so viele Menschen aus vollem Herzen umarmt, deren Geschichten ich gar nicht kannte. Vielleicht hatten sie schlimme Dinge getan. Doch ich ging hin und umarmte diese Menschen, damit es ihnen guttat, egal was sie gemacht hatten. Wenn ich das bei Fremden konnte, warum sollte ich das nicht bei meinem eigenen Vater können?!

Dunkelblau
bedeutet für mich:
Ruhe,
Universum,
Meer,
Entspannung.

„DAS LEBEN IST OHNE DIE LIEBE NICHTS!"

OSKAR HELMUT GONSCHORR (1933-2018)

KUNSTMALER UND GRAFIKER

Quelle: Hat Papa mir in mein Öhrchen geflüstert

Auch hier war es wieder meine freie Entscheidung, worauf ich meinen Fokus richtete. Wollte ich weiter darunter leiden, was alles nicht so gut war oder mich lieber auf das: „Von jetzt an!" konzentrieren?

Loslassen können ist eine der wichtigsten Qualitäten, wenn man gesund und glücklich werden will.

Es geht nicht darum, die eigenen Wünsche oder Hoffnungen, sondern die Zweifel und Ängste loszulassen. Will man laufen lernen, muss man auch ab einem bestimmten Punkt die führenden Hände von Mama oder Papa loslassen.

Vor allem sollte man aber die Glaubenssätze loslassen, die einen daran hindern, glücklich zu sein.

Sicher kann man sagen, dass ja die Umstände schuld seien an dem empfundenen Unglück und wären diese besser, dann wäre man ja auch glücklich. Nur ist man mit dieser Haltung ein ewiges Opfer. Und eine Katastrophe folgt meist der nächsten. Wenn man sich aber aus diesem Hamsterrad befreit, dann wird man eher einen glücklicheren Weg gehen können.

Mein Vater hatte mehrere Momente, in denen er uns klar zu sehen schien, obwohl dies eigentlich nicht möglich war. Auch bekam er einmal durch ein Medikament Halluzinationen, und es umgaben ihn Menschen, die er nicht kannte. Sie sprachen aber nicht mit ihm. Es wäre ihm eigentlich lieber gewesen, wenn sie ihm geantwortet hätten, als er sie fragte, wer sie denn seien. Ich ließ das Mirtazapin absetzen, und die Visionen hörten auf.

An seinem Lebensende war es erstaunlich, wie erfüllt mein Vater auch ohne Psychopharmaka zum Schluss wirkte. Eines Tages musste er wieder ins Krankenhaus, weil seine Organe streikten, und wir ahnten, dass er die Klinik nicht mehr verlassen würde.

Bei einem meiner letzten Besuche drückte er mich ganz fest an sich und wiederholte immer wieder: „Mein Töchting, mein wunderschönes Töchting. Ich habe dich so lieb! Du bist so wunderschön!" Mir liefen die Tränen, denn so etwas hatte er mir so noch nie gesagt.

Bei unseren Besuchen versuchte er, uns zum Lachen zu bringen. Diesen Lebenszustand zu erreichen, trotz langer, intensiver Krankheitsphase, ist etwas ganz Besonderes.

Papa schwimmt jetzt in der ganzen Welt herum. Er hätte eine Seebestattung geliebt, und so tauchte er in die Ostsee.

Sein Todestag im letzten Jahr fiel auf die Zeit, in der ich in der Reha war. Ich erzählte Sylvia davon und fragte sie, ob sie von mir Fotos am Strand machen würde. Ich hätte gern ein symbolisches Foto, das die Lebensfreude meines Vaters ausdrückt. Ich zog mir eines meiner Lieblingskleider an und setzte einen farblich passenden Hut auf.

Wir hatten sehr viel Spaß bei dem Fotoshooting. Ich versuchte, so hoch zu springen wie möglich. Das war gar nicht so einfach. Mir fehlte die gewünschte Kraft in den Oberschenkeln. Das spornte mich später an, noch intensiver zu trainieren.

Es war auf jeden Fall ein Moment purer Lebensfreude. Die Tatsache, dass ich mir immer wieder etwas ausdachte, was mich und mein Umfeld erfreuen konnte, war, als würde ich eine wundervolle Kette an schönen Augenblicken auffädeln.

Jeder Moment ist wertvoll und hält alle Möglichkeiten für uns bereit.

Am nächsten Tag liefen wir am Wasser entlang. Es waren unzählige Muscheln angespült worden. Die meisten lebten noch, und so hob ich eine nach der anderen auf und warf sie wieder ins Meer.

Sylvia zögerte etwas, doch dann unterstützte sie die Aktion. Sie sagte, dass es schade sei, dass wir nicht alle Muscheln wieder ins Meer werfen können. Ich erzählte ihr die Metapher vom Seestern.

„Es war einmal ein kleines Mädchen, das an einem Strand spazieren ging, dort waren Tausende von Seesternen angespült. Es hob einen nach dem anderen auf und warf ihn zurück ins Meer. Ein alter Mann kam vorbei und fragte, warum sie das machen würde. Sie würde es doch niemals schaffen, alle Seesterne wieder ins Meer zu werfen. Das Mädchen antwortete: „Vielleicht werde ich nicht alle wieder ins Wasser werfen können, aber für diesen hier,“ sie hob einen weiteren Seestern auf, „macht es einen Unterschied!“[19]

Diese kleine Geschichte erzählte ich auch gerne, wenn mir jemand sagte, dass ich doch nicht alle Menschen retten oder glücklich machen könnte.

Es war nie meine Absicht, alle Menschen zu retten. Es ging mir immer nur darum, etwas mehr Freude in die Welt zu tragen.

All diese Bemühungen meinerseits kommen mir jetzt, da ich viel allein zu Hause bin, zugute. Mein Herz ist zwar immer bei ganz vielen Menschen, die in meinem Leben sind, doch fühle ich mich jetzt mehr bei mir.

Was brauche ich gerade, um MICH wohl zu fühlen? Wenn mir nichts einfällt, dann halte ich einen Moment inne und entspanne mich. Dazu schaue ich zum Beispiel auf den kleinen, feinen, silbernen Ring mit seinem türkisfarbenen Stein, den ich gerade trage. Ich hatte ihn mir zum Abschluss der Chemotherapie geschenkt. Ich schaue ihn also an und lasse Gefühle von Dankbarkeit und Freude über seine Bedeutung und Schönheit aufkommen.

Ich könnte stattdessen auch die Nachrichten schauen und eine schlechte Nachricht nach der anderen versuchen zu verknusen. Doch habe ich es spätestens seit dieser Erkrankung verinnerlicht, dass, wenn ich mich mit Negativem füttere, meine Zellen das unweigerlich spiegeln werden. Es gibt eine Zeit, konkret für Dinge einzustehen und vielleicht auch zu einer Demonstration zu gehen. Doch dafür braucht man Kraft und diese schwindet, wenn man sich von morgens bis abends mit schlechten Nachrichten duscht.

Mutter Teresa sagte einmal, dass sie nicht zu einer Antikriegsdemo gehen würde, aber zu einer Demonstration für den Frieden dürfte man sie gerne einladen.

Darin liegt die Erkenntnis, dass wir dem mehr Energie geben, was wir fokussieren, wie bei dem Beispiel mit dem Hindernis auf der Autobahn. Es ist wichtig, sich dahin auszurichten, wohin man möchte oder was man erreichen will.

Das ist manchmal gar nicht so einfach. Ich hatte mir zum Beispiel versucht vorzustellen, wie ich mit Riwanja galoppiere. Doch immer und immer wieder sah ich uns beide stürzen.

Es war wie verhext, ich konnte einfach nicht visualisieren, wie wir über die Felder düsten ohne zu fallen. Als wäre da ein Unterprogramm in meinem Kopf, das sich automatisch auf eine Katastrophe ausrichtet. Genau so war es, wenn ich versuchte, mir einen strahlend blauen Himmel vorzustellen. Wie selbstverständlich rollte sich eine dunkle Wolkenfront ins Bild.

Es wurde mir klar, dass ich daran arbeiten sollte, diese „Blockaden" aufzulösen.

Eine schöne Vision erlebte ich nach Riwanjas Tod. Ich chantete, und aus dem Nichts kamen Bilder in mir auf, in denen Riwanja und ich voller Freude im Jagdgalopp durch die Wolken ritten. Auch konnte ich mir immer besser einen strahlend blauen Himmel vorstellen.

Ich bin dankbar, dass meine Erkrankung mir klar den Spiegel vorgehalten hatte. Es war elementar, mir vorstellen zu können, dass ich wieder ganz gesund und mit absolutem Wohlgefühl durchs Leben gehen und mich voller Lebenskraft fühlen könnte. Auch die Vorstellung, dass ich über die vielen Behandlungen triumphieren würde, hat ganz sicher dazu beigetragen, dass ich so unglaubliche Erfahrungen machen konnte.

Wie ich schon einige Male erwähnte, ist das Chanten für mich eine wahre Kraft- und Hoffnungsquelle, aber auch ein klarer Spiegel dafür, wie es mir geht. Das Studium der Briefe, die Nichiren Daishonin an seine Schüler schrieb, oder Texte von Daisaku Ikeda und Erfahrungen von anderen Praktizierenden zu lesen oder zu hören, ist für mich sehr ermutigend.

Welchen Glauben man auch immer haben mag, das Wichtigste ist doch, an sich und das Glück im eigenen Leben zu glauben.

Wenn man sich vor Augen führt, wie unfassbar komplex unsere Körper sind, dann dürfte man aus dem Staunen eigentlich nicht mehr herauskommen.

Wenn ein Bakterium oder Virus versucht, unser System anzugreifen, dann setzt sich eine unglaubliche Maschinerie in Gang. Ich bin immer wieder begeistert von den animierten Dokumentationen, die es über diese Prozesse gibt. Wenn unser Immunsystem so viel daransetzt, uns gesund zu halten - und das tut es 24 Stunden am Tag - sollten wir dann nicht auch versuchen, dass wir potenziell schädliche Gedanken, Worte oder Taten abwehren oder unterlassen?

Manchen Situationen können wir uns nicht so einfach entziehen. Doch wir können uns bewusst eine andere Haltung diesen Herausforderungen gegenüber aneignen. Vielleicht auch bis zu dem Punkt, an dem man sich sagt, nimm das alles nicht zu ernst.

Alles ist in einem ständigen Fluss. Veränderung ist die einzige Konstante. Das wissen wir alle. Auf der einen Seite hat man vielleicht das Gefühl, noch ewig Zeit zu haben, auf der anderen Seite führt man sich nicht genug vor Augen, dass auch diese Situation, in der man gerade steckt, auf jeden Fall vorbeigehen wird.

Dieser Augenblick, in dem ich dies hier gerade schreibe, und der nächste und der nächste... ist alles, was zählt. Der Moment, in dem du das hier liest, ist alles, was es je geben wird. Und schwups, ist er schon wieder vorbei... und der nächste und nächste und nächste... Ich kann gar nicht so schnell schreiben, wie die Augenblicke verstreichen.

Manchmal sind wir auch traurig über die Vergänglichkeit. Auch wenn wir wissen, dass es uns gar nicht geben würde, wenn es kein Entstehen und Vergehen gäbe. Es ist eine immerwährende Interaktion.

Der Tumor wird vergehen, egal wie er sich anstrengen mag. Alle Zellen sind im Fluss. Auch die, die degeneriert sind. Bei Anita Moorijani waren sehr viele Tumore in ihrem Körper, Geschwüre so groß wie Tennisbälle. Man hatte die intensivsten Chemos und andere Behandlungen durchgeführt. Doch sie fiel ins Koma, und man glaubte, dass sie nun sterben würde. Es kam dieser Moment, in dem ihr Körper anfing, die Tumore abzubauen. Anita ist heute vollständig genesen. Es gibt unzählige solcher „Wunderheilungen". Doch nennen wir es nur „ein Wunder", weil wir den gesamten Prozess noch nicht begreifen können.

Deswegen wird Nam Myoho Renge Kyo auch als Mystisches Gesetz von Ursache und Wirkung bezeichnet. So unendlich viele Ursachen und Wirkungen sind diesem jetzigen Moment vorausgegangen, dass es schwer sein dürfte, das alles mit dem Verstand zu erfassen.

Ich habe den Gedanken, dass bei einer Tumorerkrankung die Dinge wieder in den Fluss gebracht werden wollen.

Panta rei = alles fließt.

Was auf jeden Fall wieder in Fluss kam, waren meine Lebensfreude und der Hunger danach, etwas Neues zu erkunden oder zu erschaffen.

Man muss sicher nicht auf eine Erkrankung warten, um sich dieses Lebensgefühl zu eröffnen. Ich glaube, dass es gut und präventiv ist, wenn man sich regelmäßig Zeit für sich nimmt. Man sollte mit sich selbst in den Dialog treten, zur Ruhe kommen und von dort aus in die Kraft und in die Lebensfreude zurückgehen.

Wenn man sich darauf einlässt, dem Pfad des selbstgewählten Wohlfühlens zu folgen, werden sich mehr und mehr Situationen ergeben, die einen erfreuen.

Irgendjemand sagte einmal: „Eins sein mit dem Universum." So ein Gefühl verspüre ich manchmal, wenn ich glaube, dass das Universum mal wieder beliebt zu scherzen.

Eines Tages, als wir in einer kleinen Gruppe unter den schattenspendenden Bäumen im Vorgarten der Reha-Klinik saßen, erzählte ich von der kleinen dicken Raupe APONI. Es gäbe sicher viele Menschen, die wie diese Raupe auch einen Wunsch in sich hegen und gar nicht erahnen, dass sie durchaus in der Lage wären, ihn sich zu erfüllen.

Als ich so von ihrer Reise berichtete, spürte ich, dass mir etwas auf den Kopf gefallen war. Ich griff mir in die neu gewachsenen Haare, und was saß da, ganz unerwartet, auf meinem Finger? Eine kleine, dicke, grüne Raupe. Und die hatte sogar ein Gesicht und lächelte. Wir amüsierten uns köstlich.

Vielleicht hat sie ja einfach in meine Handykamera gelächelt?

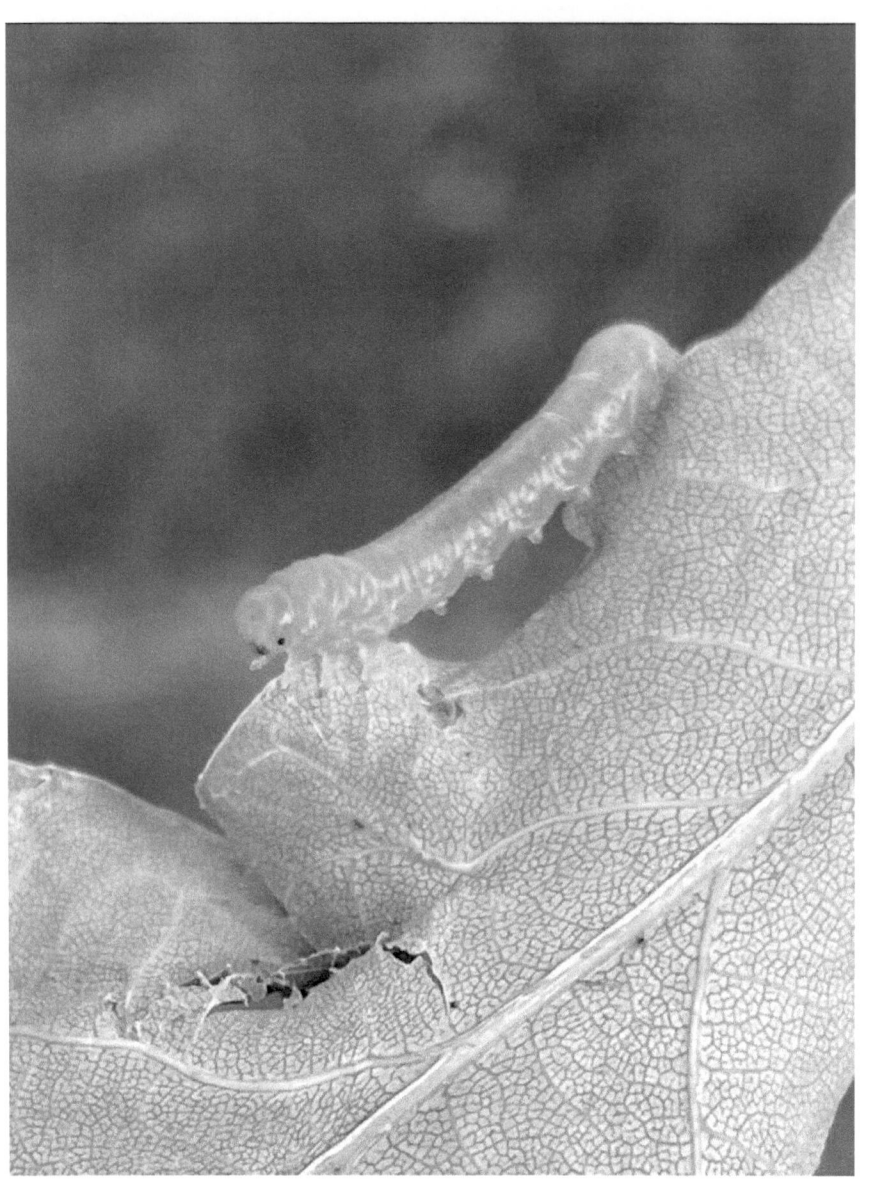

Kapitel 9

Patch
Liebe, Freundschaft, Lebensfreude

Anja und ich sagen immer: „Leben... kannst du dir nicht ausdenken!" Wenn man sich immer mehr auf „Wunder" einstellt, wird man auch immer mehr Wunder erfahren.

Man wird sie mehr wahrnehmen. Es ist wirklich so, als würden sich bestimmte Energien gegenseitig anziehen.

Da Energie immer war und immer sein wird und sich fortwährend ändert, ist somit auch klar, dass es ein ewiger Prozess ist, die eigene Energie zu lenken.

Das Energiefeld unseres Herzens kann bis zu ca. 4 Meter um unseren Brustkorb herum gemessen werden. Manche meinen, dass der Radius sicher noch viel größer ist. Die Instrumente, die man derzeit für Messungen zur Verfügung hat, sind nicht fein genug, um den exakten Radius zu erfassen.

Doch auch ohne Instrumente kennen wir sicher alle das Phänomen, dass es Menschen gibt, die sofort alle Aufmerksamkeit auf sich ziehen, sobald sie einen Raum betreten. Andererseits gibt es Menschen, bei denen man sofort ein schlechtes Gefühl bekommt, und bei einer anderen Person fühlen wir uns gleich sehr wohl. Das ist alles Energie.

Es ist einleuchtend, dass, wenn man auf die negative Energie eines anderen Menschen mit negativer Energie reagiert, man nur noch mehr negative Energie erzeugt. Es bedarf einer bewussten Veränderung, um die positive Energie zu verstärken.

Meiner Meinung nach bedeutet es nicht, nur noch zu lächeln oder einen „abgehobenen" Lebenszustand vorzuspielen. Wenn man eine höhere Energie anstrebt, dann wird man sich nicht so schnell getriggert fühlen und reagieren. Manchmal kann es aber sein, dass man aus einem energetischen Umfeld heraustreten muss.

Nach meiner schlimmen Diagnose mit Aussicht auf die Chemo, Bestrahlungen und weiteren Operationen verspürte ich nur noch Angst und Panik. Es gab nur noch einen Gedanken für mich. Ich muss raus aus dieser angstvollen Energie. Darüber war ich mir sehr klar. Ich entschloss mich dafür zu chanten, dass sich das noch am selben Tag drehen und ich wieder Mut spüren würde.

Ich verstehe gerade noch einmal mehr, warum es im Buddhismus heißt: „Der Ausbruch einer Krankheit ist schon die Heilung!"

Einer, der auch sehr viel über die Wirkweisen von Energien versteht, ist Dr. Patch Adams. Er nutzt die Fähigkeit durch präzisen Humor, die Aufmerksamkeit vom Leid zur Freude zu lenken.

Eines Tages rief Patch mich an und sagte, dass er eine gute und eine noch bessere Nachricht für mich hätte. Ich freute mich sehr, denn ich wusste, dass er schon lange eine größere Spende für den Bau seines Gesundheits-Institutes[13] erwartete. Er sagte: „Una, ich wurde für den Friedensnobelpreis vorgeschlagen. Die andere gute Nachricht ist, dass mir gestern mein Bein unterhalb des Knies amputiert wurde." Ich war sprachlos. Ich wusste, dass Patch Probleme mit seinem Fuß hatte, doch eine Amputation?

Er hatte mir zuvor nichts davon gesagt, denn weder mochte er mich beunruhigen, noch wollte er, dass irgendjemand seinetwegen traurig wäre.

Er würde eine tolle Prothese erhalten und mit dieser wieder tanzen können. Manche wären sogar mit diesen Prothesen schneller als andere, die zwei gesunde Beine hätten.

Ich schluckte meine Tränen hinunter, als er sagte: „Una, du bist ein so starkes Beispiel für mich, wie könnte ich da jammern. Ich will nicht, dass irgendwer meinetwegen traurig ist!" Er wiederholte diesen Wunsch eindringlich.

Patch ist wirklich ein faszinierender Mensch. Er ist zutiefst entschlossen, allen Menschen, mit denen er Kontakt hat, Liebe und Fürsorge zu schenken.

Vor ein paar Jahren fuhr ich mit ihm und meiner Freundin Yette zu meinem Vater nach Lübars und anschließend zu meiner Mutter nach Hohen Neuendorf. Yette hatte ein paar Fragen zu dem Hollywood Spielfilm „Patch Adams", in dem Robin Williams Patch spielte.

Patch hat gemischte Gefühle diesem Film gegenüber. Einerseits brachte er ihm sehr viel Aufmerksamkeit, und so konnte er leichter internationale Projekte durchführen und das „Gesundheit! Institute"[20] entwickeln. Andererseits hatte man in klassischer Hollywoodmanier versucht seine Lebensgeschichte, etwas „publikums-gerechter" zu biegen. In dem Film wird seine Freundin von einem Patienten erschossen. Dieser junge Mann war psychisch gestört und bedrohte die anderen Patienten. Deshalb hatte Patch ihn von dem Grundstück seiner Klinik verwiesen. Der Mann rief später in der Klinik an und bat um Hilfe.

Die Freundin von Patch fuhr zu ihm nach Hause, wo er sie erschoss. Es folgt eine Sequenz im Film, in der Patch ein Liebesgedicht an ihrem Grab liest.

Rot
bedeutet für mich:
Lebenskraft,
Intensität,
Rosen,
Liebe.

„ICH LIEBE DICH OHNE ZU WISSEN WIE,
WANN ODER WOHER.
ICH LIEBE DICH AUFRICHTIG,
OHNE KOMPLEXITÄT
ODER STOLZ.
ICH LIEBE DICH,
WEIL ICH KEINEN ANDEREN WEG KENNE ALS DIESEN.
SO NAH,
DASS DEINE HAND AUF MEINER BRUST
MEINE IST.
SO NAH,
DASS ICH EINSCHLAFE,
WENN DU DEINE AUGEN SCHLIESST."

PABLO NERUDA (1904-1973)

SONET XVII[21]

Doch in Wahrheit wurde die Freundin von Patch gar nicht erschossen. Sie heirateten und bekamen zwei Kinder. Wahr ist jedoch, dass jemand erschossen wurde. Aber das war Louis, sein Mitbewohner von der Uni, der Psychologie studierte. Er war es, der zu diesem Patienten fuhr.

Patch hatte damals den Vater seines Freundes aufgesucht und sich bei ihm für diese filmische Umsetzung entschuldigt.

Ich fragte Patch, ob denn die Sequenz mit dem Schmetterling im Film stimmen würde.

Ja, der Teil der Geschichte stimmte. Nur trug sich das alles nicht an dem gezeigten Abhang zu.

Alle bei „Gesundheit!" waren schockiert und unendlich traurig über den Tod ihres Freundes. Eigentlich war ein Sommerfest geplant, doch sollte man das jetzt noch durchführen? Es einigten sich alle darauf, dass Louis es ganz sicher so gewollt hätte.

Sie bauten eine Bühne. Das Gras davor war etwas hoch. Die Gäste sollten tanzen können, und so fing Patch an, das Grün zu mähen. Der Grashaufen wurde immer größer. So wie seine Trauer. Er weinte bitterlich und machte sich große Vorwürfe. Schließlich war es seine Entscheidung, dass Patienten bei „Gesundheit!" keine Psychopharmaka erhalten würden. Sein Ansatz für die Heilung einer psychischen Erkrankung war ein anderer. Doch hatte er hier einen Fehler gemacht? War das richtig, keine Tabletten zu verschreiben? War es am Ende seine Schuld, dass sein Freund gestorben war?

Eine unglaubliche Qual. Als Patch davon erzählte, liefen ihm die Tränen. Ich griff nach seiner Hand und sagte zweimal: „Es ist ok, es ist ok!"

Patch fuhr fort: „Una, was dann passierte, war für mich wie ein Wunder. Du kannst glauben an was du willst, aber dieser Moment war pure Magie!

Mein Freund trug immer eine Lederjacke, so eine wie Motorradfahrer sie haben. Er hatte das Logo auf dem Rücken der Jacke mit einem großen Schmetterling überstickt. Als ich nun auf diesem Grashaufen lag und in den blauen Himmel schaute und nicht aufhören konnte zu weinen, kam ein Schmetterling und tanzte vor meinen Augen und meiner Nase. Ich habe Zeugen für diesen Moment. Es war als würde mein Freund mich besuchen und mich wissen lassen, dass alles o.k. ist. Konzentriere dich weiter auf die Lebensfreude, Patch. Das war, was ich vernahm, als dieses schöne Tier vor mir tanzte. Und Jahre später erhalte ich einen Brief von dir aus Berlin. Mit der Frage, ob ich der Schirmherr der Schmetterlinge werden wollte. Wie hätte ich da jemals nein sagen können.“

Wir waren für einen Moment still und schauten aus den Fenstern meines goldenen Berlingos, der mit vielen türkisfarbenen Schmetterlingen beklebt war.

„HUMOR BEDARF CHIRURGISCHER PRÄZISION."

PROF. DR. MED. GUIDO ARNO MATSCHUCK MHBA

Internist & Kardiologe, Intensivmediziner

Quelle: Direkt in mein Öhrchen

Dramen geschehen in fast jedem Leben. Doch wie gehen wir damit um? Vielleicht ist es ab und zu ratsam, etwas Unerwartetes zu tun. Es sich zumindest einmal vorzustellen, dass man aus dem zu Erwartenden ausbricht.

Patch besuchte mich in der Kardiologischen Reha. Er sagte, damit hätte er seinen ersten internationalen Hausbesuch gemacht. Ich plante etwas Unerwartetes für alle Menschen, die sich in der Klinik befanden. Patch hatte früher mit Medizinstudenten eine Klinik symbolisch umarmt. Die kardiologische Chefärztin der Reha war damals Gesine. Mit ihr sprach ich über die Idee, mit allen Menschen in der Klinik solch eine symbolische Umarmung zu machen. Sie war von der Idee begeistert und schlug vor, auch die Zeitung zu dem Event einzuladen. Es war eine schöne Symbolik, über die noch lange gesprochen wurde.

Patch hatte in seinen Koffer viele Überraschungen für mich eingepackt. Er brachte Videos mit alten Filmen mit, Bücher, die er mir vorlesen wollte, Massageöl, um mir eine Rückenmassage zu geben, und Spiele, die wir auf Grund von Zeitmangel nicht spielen konnten. Doch irgendwie spielten wir ja die ganze Zeit miteinander. Wir gingen noch sehr lecker essen und freuten uns über diesen schönen Tag.

Ein Jahr später besuchte Patch mich zu Hause. Prof. Dr. Hermann Girschick, Leiter der Kinderklinik im Vivantes Klinikum im Friedrichshain, veranstaltete mit uns „namus" einen Workshop, der von Patch geleitet wurde. Hermann ist von ganzem Herzen Kinderarzt und ein fantastischer Mensch. Er freut sich über jede Musical-Aufführung, die wir für die Kinder in seiner Abteilung veranstalten.

Es gab aber auch noch einen weiteren Anlass für den Besuch von Patch. Wir feierten eine Record-Release-Party mit unserem „namu"-Team und allen, die an der CD „APONIs Verwandlung" mitgewirkt hatten.

Patch sang und sprach die Rolle der Sonnenblume in dem Stück. Ausgerechnet ihm hatte ich den schnellsten Text zugedacht. Auf Deutsch, wohlgemerkt. Wir haben bei den Proben sehr viel gelacht! Dieser Text war komplex und schnell, und seine Erfahrungen mit der deutschen Sprache lagen eine ganze Weile zurück. Sein Vater war in der Nähe von Stuttgart stationiert, und so lebte er einige Zeit in seiner Kindheit in Deutschland.

Als wir die Tonstudioaufnahmen machten, war er in Amerika, und ich war per Skype zugeschaltet. Ich gab mir größte Mühe, Patch durch den Text zu leiten und alles zu verstehen, doch das Endergebnis sollte ich erst in unserem Tonstudio richtig hören. Peter und ich mussten herzlich lachen, als wir die Tonspuren bearbeiteten. Wir stückelten die Aufnahmen auf sehr kreative Art und Weise zusammen, so dass man die Wörter auch wirklich gut verstehen konnte. So nahmen wir zum Beispiel ein A von APONI und setzten es an ein Wort, wo es einfach fehlte. Da Peter jeden Abschnitt mit einer anderen Farbe versehen hatte, sah die zusammengeschnittene Tonspur am Ende aus wie „Patchwork".

Er hatte es wirklich gut gemacht. Es war immerhin sein erstes Musical, in dem er mitspielte und sang. Er liebte es, zu singen und zu tanzen.

Einmal tanzten wir zusammen, als wir in Noordwijk ein Seminar für Jungärzte gaben. Patch hatte mich als Co-Moderatorin eingeladen.

Diese jungen Mediziner wollten in ihrem Beruf eine humanisti-schere Richtung vertreten.

Zum Abschluss gab es eine große Party und Patch bat mich zum Tanz. Ich werde das nie vergessen! Er ist ca. zwei Köpfe größer als ich und schleuderte mich beim Rock'n Roll so sehr hin und her, dass ich dachte, er wolle mir das Fliegen beibringen. Es ist halt immer extrem lustig mit ihm.

194

Patch hatte seine Riesenunterhose zu unserer Record-Release-Party mitgebracht, in der er schon mit dem Präsidenten von Ecuador, Rafael Correa, im März 2013 gesteckt hatte. Nun war sein Plan, uns alle in diese Hose zu stopfen. Das war ein extrem lustiges Unterfangen. Der Kellner, den wir baten, ein Foto von uns zu machen, rief sofort seine Frau an, dass sie bitte schnell ihren Sohn ins Restaurant bringen sollte. Er wollte seinem Kind unbedingt die wohl größte Unterhose der Welt zeigen. Der Junge bekam große Augen. Und wir machten ein Foto von ihm und seinem Papa in der Riesenunterhose.

Es ist schön, wenn Menschen sich begeistern lassen.

Am nächsten Tag gingen Patch und ich im Schlosspark spazieren. Wir nahmen eine Decke mit und planten, uns auf die Wiese zu legen. Als wir im Gras lagen und in den strahlend blauen Himmel schauten, sagte er, dass es lustig wäre, dass er sich überhaupt nicht daran erinnern könnte, wann er das letzte Mal mit jemandem einen Spaziergang durch einen Park gemacht hätte. Er reiste extrem viel um die Welt, von einem Event zum nächsten. Er war um die 300 Tage im Jahr auf Tour und wenn überhaupt, dann nur kurz zu Hause. Durch Corona war er nun fast zwei Jahre am Stück zu Hause gewesen. Das war auch für ihn eine große Umstellung. Er ist überglücklich, dass er mit Susan eine wundervolle Partnerin an seiner Seite hat. Auch sein Assistent Derek ist für ihn eine große Unterstützung und hilft uns bei unseren Zoom-Meetings.

Patch und ich schreiben gemeinsam ein Buch. Wir haben damit angefangen, als er das letzte Mal bei mir zu Besuch war. Der Titel war schnell gefunden: „Loving". Ein Buch über die Liebe. Wir teilen die Vision für einen Unterricht an Schulen, der Liebe thematisiert. Patch würde den Unterricht direkt so benennen wollen. Ich sagte ihm, dass das in den Staaten vielleicht gut ankäme, ich aber für Deutschland einen anderen Titel wählen würde. In Amerika sagt man schnell zu Freunden: „Love you!" Doch hier ist das etwas anders. Wenn man zu Freunden sagt, dass man sie liebt, muss man schon sehr bedacht sein. Auch habe ich fast den Eindruck, dass sich dieser Ausspruch in unseren Breitengraden erarbeitet werden muss, denn Liebe wird nicht so leicht verschenkt.

Ich wurde eindringlich gebeten, dieses Buch hier zuerst zu schreiben. Über Patch schreibe ich, weil er auf meiner Reise für sehr wichtige Faktoren steht: Liebe, Freundschaft und Lebensfreude.

Er schrieb mir in der gesamten Zeit Briefe und Karten und rief mich fast wöchentlich an, wobei er betonte, dass ich ihn zu jeder Tages- und Nachtzeit anrufen dürfte.

Ich freue mich so sehr, dass ihn die Amputation seines Beines und sogar die Corona-Zeit eher noch mehr angespornt haben, sich an die Menschen über die Sozialen Netzwerke zu wenden. Er veröffentlicht mit der Unterstützung von Derek und Susan regelmäßig Videos. Auch sein Sohn Lars hat einen Podcast mit seinem Paps gestartet.

Ich habe Lars in Moskau kennen lernen dürfen. Wie sein Vater ist er ein wahrer Herzensmensch. Sicher waren einige Erfahrungen in seiner Kindheit sehr speziell und forderten ihn auch zeitweise heraus. Doch die Botschaft, die sein Papa in die Welt trägt, teilt er zu 100%.

Als wir 2009 zusammen in Moskau waren, wollte Patch meinen Geburtstag mit mir bei einem seiner langjährigen Freunde feiern. Es war der 11. November, und wir machten uns in einer kleinen Runde auf zu einem Kunstmaler.

Der lebte in einem einstöckigen Haus, das sich auf dem Hinterhof eines Mehrfamilienhauses befand. Wir kauften eine Torte, denn es war üblich in Moskau, ein Gastgeschenk mitzubringen. Er freute sich sehr über unseren Besuch und holte alles aus dem Kühlschrank, was er an Essen und Trinken anbieten konnte. Wir saßen in seinem Atelier um einen großen Tisch herum und tranken Wodka, aßen und unterhielten uns. Ich glaube, wir haben auch gesungen, zumindest Happy Birthday. Lars schaute mich an und sagte mit sehr viel Liebe in seiner Stimme: „Wie wundervoll, dass du geboren wurdest!" Das war ein ganz besonderer Augenblick, denn die Art, wie er es sagte, berührte mich.

Die Bilder des Künstlers erinnerten mich an die Bilder meiner Eltern. Meinen Geburtstag mitten in Moskau, dazu in einem Atelier mit Bildern, die mich an meine Kindheit erinnerten, zu feiern, war unbeschreiblich.

Überhaupt war diese ganze Moskaureise sehr intensiv und eine prägende Erfahrung.

Ich glaube, wir könnten uns alle sehr viel öfter etwas Besonderes ausdenken, eine Unternehmung, die ein hohes Freudepotential in sich trägt. Ich erinnere mich an meine erste Psychologin, die ich nach dem Tod eines geliebten Menschen aufgesucht hatte. Ich wollte mich mit einer Fachperson über dieses traumatische Erlebnis unterhalten.

Ich spürte, dass das absolut gut für mich sein würde. Die Therapeutin sagte damals zu mir, dass ich einen Wochenplan führen sollte. Sie wollte sehen, wie ich mir meine Zeit einteilte. Anhand der Auflistung meiner Aktivitäten stellte sie sehr schnell fest, dass ich mir keine Zeit für „Lebensfreude pur" nahm.

Diese Zeit sollte gänzlich ohne irgendeinen Anspruch sein. Ich sagte sofort: „Oh ja, ich würde gerne wieder Tanzunterricht nehmen!" Doch sie entgegnete, dass sie das nicht damit meinte. Es sollte kein Unterricht sein. Es sollte eine Zeit sein, in der ich einfach nur sein durfte, halt ohne jeglichen Anspruch. Mit Freunden tanzen zu gehen, wäre eine gute Idee.

Ich weiß noch, dass ich zu ihr sagte, dass es mir zum Beispiel auch guttat, anderen Menschen eine Freude zu machen. Doch sie ermutigte mich, auch mir selbst Freude zu bereiten.

Ich glaube, dass ich ihre Bitte, mehr Zeit für Lebensfreude pur in meinen Tagesplan einzubauen, eine ganze Zeit lang befolgte. Doch ich sah, dass ich das zwischenzeitlich wieder verloren hatte.

Als ich die Herzerkrankung bekam, erinnerte ich mich an dieses Gespräch. Ich hatte mir zumindest vorgenommen, Zeit für mich wieder einzuplanen. So kamen das Reiten, Golfen, Tischtennis- und Bocciaspielen mit Freunden in mein Leben.

Ich treffe mich gerne mit Carsten und Diana zum Bocciaspielen auf der Straße vor dem Schloss Charlottenburg. Eine Mittelallee bietet mit seinem breiten Sandweg ideale Bedingungen für das Spiel. Wir haben uns auch jetzt schon wieder verabredet, und dieses Mal wollen wir mit Champagner auf unsere Gesundheit anstoßen. Mal schauen, ob wir dann noch besser treffen... nach einem Gläschen Zielwasser.

Kapitel 10

Mama
Mutter Natur

Die Spaziergänge mit meiner Mutter bedeuten für mich auch Lebensfreude pur. Wie schon erwähnt, teilen wir die Liebe zur Natur. Jede Jahreszeit hält ihren ganz eigenen Zauber bereit. Die Waldarbeiter leisten gute Arbeit in den Wäldchen in Hohen Neuendorf. Sie sorgen dafür, dass der Wald in sich mehr verwildert, doch die Wege, die durch ihn führen, gut angelegt bleiben. So werden aus umgefallenen Bäumen die Wege markiert und Sitzbänke gebaut. Eine davon ist unser Zwischenstopp. Wir setzen uns gerne hin, und ich chante eine Weile. Meine Mama genießt das, und es ist jedes Mal ein ganz besonderer Moment.

Gunda holt sich gerne Inspirationen für ihre Bilder aus der Natur. Sie sagt manchmal: „Schau, das würde ich jetzt für dieses oder jenes Bild nutzen."

Meine Mutter hatte Jahrzehnte lang ihr künstlerisches Schaffen etwas zurückgestellt. Das Wichtigste für sie war, meinen Bruder Ossip und mich zu versorgen. Sie verdiente Geld als Grafikerin, leitete die Galerie der Gruppe Happ, veranstaltete Ausstellungen und gab Malunterricht. So hielt sie auch Oskar den Rücken frei, und er konnte sich auf sein Schaffen konzentrieren. Vor einigen Jahren fragte ich sie dann, warum sie jetzt nicht wieder mit der Malerei anfangen würde. Sie sagte damals, dass sie dafür ja nun schon zu alt sei. Da platzte mir spontan der Kragen. Ich erzählte ihr von einer Japanerin, die überhaupt erst im Alter von 84 Jahren mit der Malerei angefangen hatte und bis zu ihrem 114. Geburtstag sehr bekannt geworden war.

Ich war dafür, dass wir sofort losfahren sollten, um Farben und Leinwände einzukaufen.

Wie wundervoll, dass sie diesen Impuls aufnahm. Seitdem malt und malt sie und hatte auch schon einige Ausstellungen, unter anderem sogar in Südkorea. Gerade kauften Kunden in Michigan/USA einige ihrer Werke.

Sie hat eine eigene Homepage.[22] Zwei weitere Ausstellungen wird es noch in 2022 geben.

Wir alle nehmen Einfluss auf andere, und wir werden alle ständig beeinflusst. Da ist es auch eine Überlegung wert, wie man denn auf andere einwirken möchte. Meine Mutter ist ein sehr herzlicher Mensch. Für Gäste steht ihre Tür immer offen, und ein Kaffee oder Rotwein sind auch fast immer im Haus.

Diese Eigenschaft schätzen mein Bruder und ich sehr an ihr und haben sie gerne übernommen. Wann immer wir Unterstützung brauchen, sind wir für einander da.

Wir haben gerade eine gemeinsame „Lebensfreude pur"-Zeit geplant und fahren für einen Tag an die Ostsee.

Schon einmal reisten wir gemeinsam an den Timmendorfer Strand. Als junge Frau hatte Gunda die Kirchenfenster für die dortige Waldkirche gestaltet. Die Umsetzung ihrer Entwürfe führte die Firma August Wagner in Berlin durch.

Kreativität ist eine wundervolle Lebensenergie. Wenn man sie nicht fließen lässt, obwohl man so viel von dieser Energie spürt, dann fügt man sich auf Dauer Schaden zu. Davon bin ich überzeugt. Man muss nicht „die große Künstlerin oder der geniale Künstler" sein, um kreativ zu wirken.

Es gibt unzählige Möglichkeiten, seine kreative Ader auszuleben, sei es beim Kochen, Dekorieren der Wohnung oder beim Basteln einer besonderen Postkarte. Was auch immer den Impuls gibt, etwas zu verschönern oder zu gestalten, hat mit Kreativität zu tun.

Wir sind in diesem Augenblick offensichtlich „Schöpfer". Wenn man es genau nimmt, sind wir das eigentlich immer: Schöpfer… Wir erschaffen bewusst oder unbewusst unsere Realität. Sicher wirken alle umliegenden Faktoren mit ein, doch wir erschaffen unsere Wirklichkeit schon allein mit unseren Gedanken. Sie nehmen Einfluss auf unsere Gefühle, und diese machen aus, wie wir unsere Umwelt und uns selbst wahrnehmen.

Ist es da nicht wundervoll, dass, wenn wir z.B. einen Haufen Mist erschaffen haben, wir das auch wieder ändern können? Selbst wenn uns das ganze Leben nur noch Grau in Grau erscheint und unser Lebenswille schwindet, können wir selbst diese dunklen Gefühle ändern und glücklicher werden als je zuvor.

Diese unglaubliche Urkraft, die der Frühling in der Natur jedes Jahr aufs Neue zur Schau stellt, ist ein Beispiel für diese fantastische Energie, die allem, auch uns, innewohnt.

Braun
fühlt sich für mich an wie:
Mutter Erde,
Wachstum,
Erdung,
Nahrung.

„VON ALLEN TIEREN
IST DAS PFERD DER BESTE FREUND DES INDIANERS,
DENN OHNE ES KÖNNTE ER KEINE
WEITEN REISEN UNTERNEHMEN.
DAS PFERD IST DER
WERTVOLLSTE BESITZ EINES INDIANERS.
WENN EIN INDIANER ETWAS WICHTIGES VORHAT,
VERSPRICHT ER SEINEM PFERD,
ES MIT ERDFARBEN ZU BEMALEN,
WENN ES IHN UNTERSTÜTZT,
SO DASS ALLE SEHEN KÖNNEN,
WIE SEIN PFERD IHM GEHOLFEN HAT."

BRAVE BUFFALO
Medizinmann der Teton Sioux

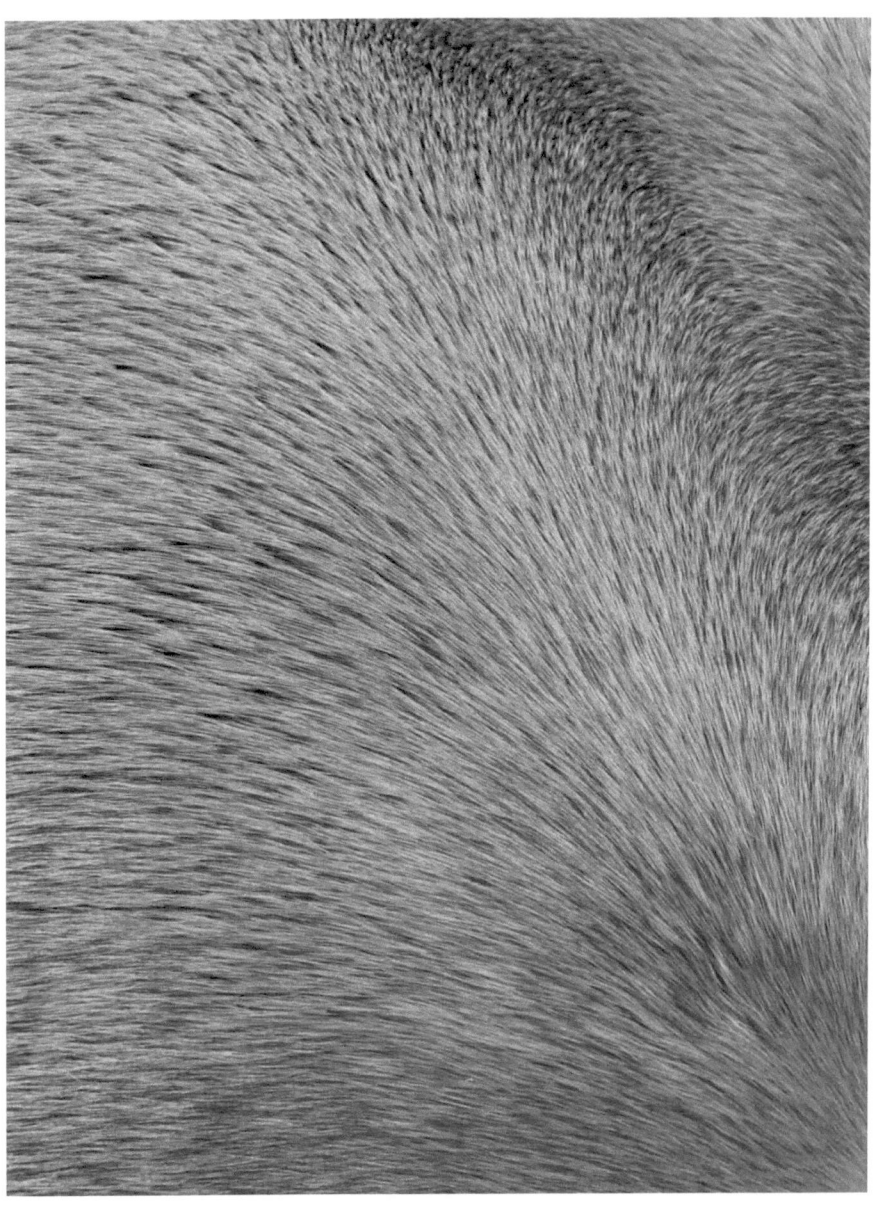

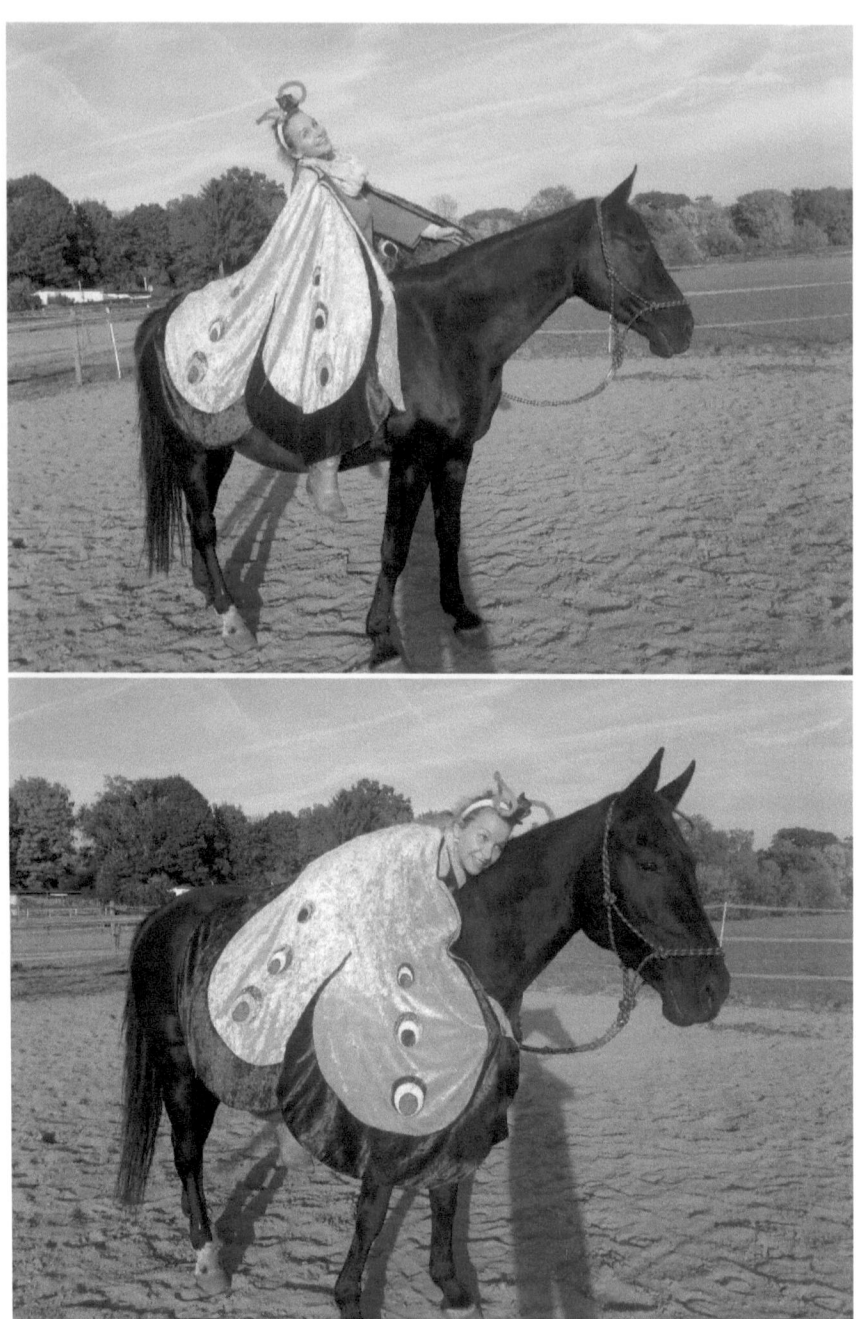

Gunda hat mich jeden Morgen während der Chemotherapie angerufen und mir Zitate vorgelesen. Ein Freund, der auch diesen Buddhismus praktiziert, hatte einmal in Japan eine Ermutigung für seine gesundheitliche Situation bekommen und diese mitgeschrieben. Trotz seiner Krankheit war er sehr aktiv und wollte deswegen diese Schmerzen, die ihn quälten, unbedingt überwinden.

So begrüßte mich meine Mutter beim morgendlichen Telefonat mit Textpassagen aus den Notizen der Ermutigung: „Keine Zweifel!", „Auftrag geben!", „Kein Wenn und kein Aber. Aber ist Zweifel!"

Wir mussten sehr oft lachen. Ich habe es sehr genossen und tue das auch immer noch, wenn es sie wieder überkommt und sie mir „Klare Ansagen" gibt.

Die Ermutigung war sehr intensiv. In einem Abschnitt stand geschrieben: „Du musst einen Glauben absoluten Sieges in deinem Leben praktizieren! Du wirst die Schwierigkeit, vor der du stehst, auf jeden Fall überwinden. Auch wenn andere, z.B. Ärzte, sagen: ‚Es gibt keine Heilung, es wird nur schlimmer, es wird sich nie ändern…' Du wirst das verwandeln, du wirst unbedingt gewinnen. Diese Entschlossenheit musst du aufbringen." Auch stand geschrieben, dass man stolz darauf sein sollte, was man trotz dieser Herausforderungen alles geschafft hat.

Glauben ist gar nicht so einfach, wenn einem die „Realität" die „knallharten Fakten" scheinbar um die Ohren haut. Es mag nicht immer gleich der große Sprung ins absolute Vertrauen gelingen, doch es gibt auch kleine Schritte.

Ein etwas positiverer Gedanke als den zuvor gehegten lenkt unser Befinden schon in eine bessere Richtung.

Vor zwei Monaten rief meine Mutter mich am Morgen an. Sie sagte: „Deiner Mama geht es gar nicht gut!" So hatte sie sich noch nie geäußert, wenn sie irgendwie erkrankt war. Sie wollte, dass ich zu Hause bleibe, denn immerhin hätte es trotz Impfung bei ihr auch Corona sein können. Doch ich spürte, dass ich zu ihr fahren sollte. Beim Bioladen kaufte ich Hühnerbrühe und andere Dinge, die für sie gut sein konnten. Bei ihr angekommen, zog ich eine Maske auf und Gummihandschuhe an. Nachdem ich ihr eine Kanne Tee zubereitet hatte, stellte ich ihr alles so hin, dass sie sich leichter selbst versorgen konnte. Ich sagte ihr, dass ich sie am liebsten in die Klinik bringen würde. Doch sie wollte nicht.

So fuhr ich nach Hause, Als ich dort angekommen aus dem Auto stieg, überkam mich eine Heulattacke. Ich rief Sabine an und schilderte ihr Gundas Symptome. Sie sagte sofort: „Una, bei den Symptomen bitte sofort in die Erste Hilfe!" Ich war fertig und rief meinen Bruder an, der sofort seine Termine umlegte und Gunda in die Klinik fuhr. Es brauchte einige Stunden, bis sie sich wieder von zu Hause meldeten. Herz und Lunge waren in Ordnung. Ich fragte, ob man denn eine Sonografie vom Oberbauch gemacht hätte, aber das war leider nicht der Fall. Die nicht erfolgte Untersuchung in der Klinik war für mich nicht nachvollziehbar.

Am Montag früh rief ich eine Allgemeinmedizinerin in Mamas Nähe an und bat, ob sie bitte einen Ultraschall bei ihr machen könnte. Die Ärztin sagte, dass sie eigentlich sehr voll seien, doch nach meiner Beschreibung der Symptome würde sie meine Mutter auf jeden Fall dazwischenschieben.

Bei der Untersuchung sah sie deutlich, dass die Galle prall gefüllt war und wohl ein Stein im Gallengang lag. Sie bat meine Mutter umgehend, wieder in eine Notaufnahme zu fahren. So fuhr mein Bruder sie dieses Mal in die Helios Klinik nach Buch. An ihrem Geburtstag wurde sie operiert. Die Galle war schon geplatzt und die Entzündung ins Leberbett gelaufen. Die Chirurgen sagten, dass es kurz vor knapp gewesen war.

Das ist das erste Mal in meinem Leben, dass ich unendlich dankbar über meine Tränen war. Hätte ich diese Heulattacke nicht bekommen, hätte ich nicht gehandelt und meine Mutter dies wahrscheinlich nicht überlebt.

Unsere Gefühle haben einen Sinn. Ob wir sie nun wahrnehmen oder unterdrücken. Es gibt Botschaften, die uns unsere Gefühle mitteilen. Diese sind nie dazu gedacht, uns zu quälen, sondern uns zu schützen, zu leiten oder anzuregen. Entwicklung ist immer in Richtung Harmonie. Auch wenn sich das manches Mal zuerst überhaupt nicht so anfühlt und alles chaotisch zu sein scheint.

So ist auch ein Tumor wie ein Chaos im Körper. Doch ich denke, er wollte mir etwas sagen: „Komm zurück in Harmonie mit deinem Leben und deiner wahren Kraft!"

Meine Mutter hat sich sehr schnell wieder erholt, und wir verbrachten viel Zeit miteinander. An Weihnachten durfte es dann auch ein Gläschen Rotwein sein. Es war ein besonderes Fest mit einem intensiven Gefühl der Dankbarkeit.

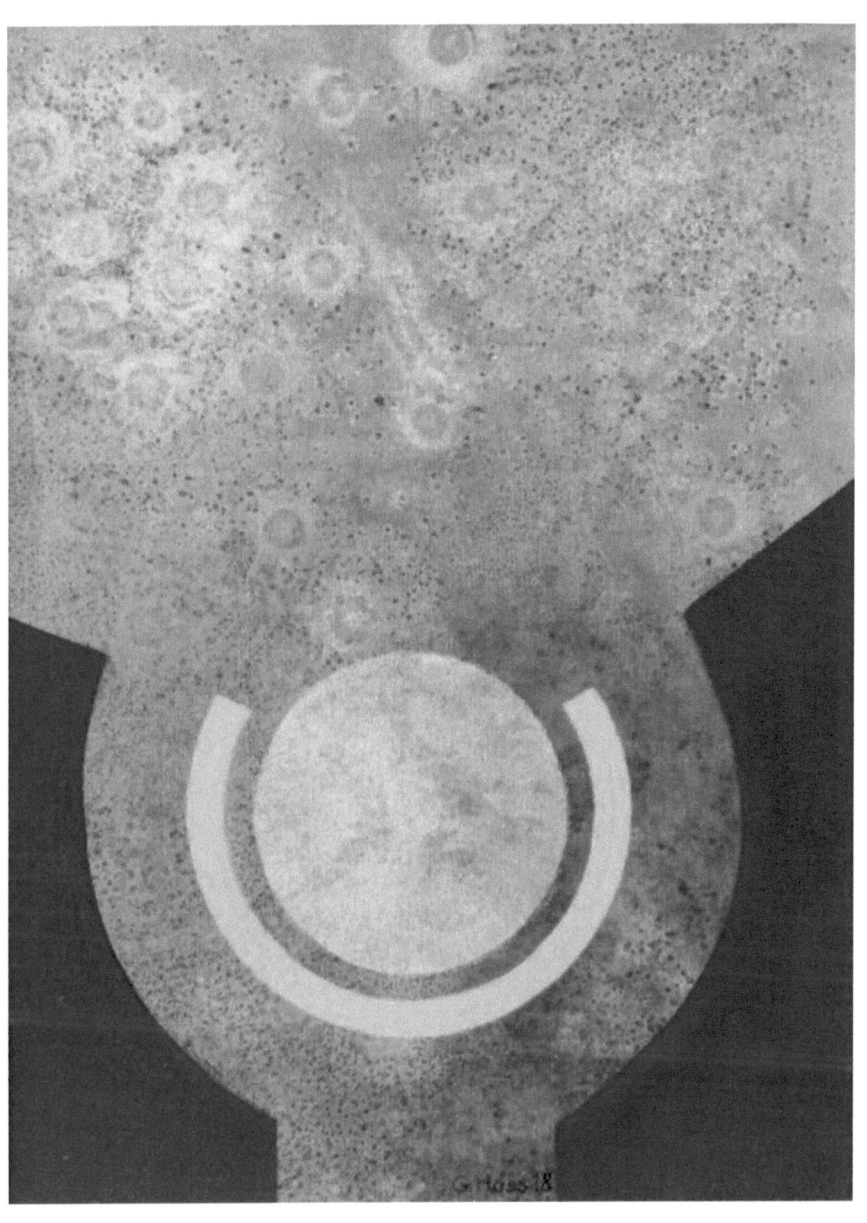

Gunda Hass-Gonschorr

Wie schwer ist es für eine Mutter, wenn das eigene Kind an Krebs erkrankt?! Es ist eine enorme psychische Belastung. Ich kann die Dankbarkeit, die ich darüber empfinde, dass wir durch diese herausfordernde Zeit im Prinzip gemeinsam durchgetanzt sind, gar nicht genau beschreiben.

Wenn ein Mensch eine Krebserkrankung erlebt, dann scheint es manchmal so, als würde der Tumor seine Arme auch in das Umfeld des Erkrankten strecken.

Manche Menschen verhalten sich dann so, als würden sie lieber einen Sicherheitsabstand halten, und ziehen sich vielleicht zurück. Krebs verbreitet häufig Gefühle von Angst und Schrecken, und es ist manchmal so, als würde er die Menschen im Umfeld in einem Würgegriff halten.

Ich weiß, dass mein Chanten diese schweren Ketten durchtrennt hat. Man spricht auch davon, die Ketten des Karmas mit dem Schwert des Lotus Sutra zu durchtrennen. Das sind Jahrhunderte alte Metaphern, doch wenn man so entschlossen chantet, dass man dieses Karma in der Tiefe drehen will, können solche Bilder hilfreich sein.

Ich erwähnte schon, dass ich nicht das Gefühl hatte, gegen den Tumor kämpfen zu müssen. Es war mir absolut bewusst, dass ich für mein Glück kämpfen musste und mein Vertrauen in mein Leben und meine Lebensfreude auf einer viel tieferen Ebene wiederbeleben sollte.

Ich habe das Gefühl, dass mir das wirklich sehr gut gelungen ist. Auf jeden Fall ist der unerwartete Verlauf meiner Heil- und Behandlungsphase ein klarer Beweis dafür, wie wichtig unsere Einstellung und unser Glaube an unser Leben sind.

Hätte ich nicht diese tragende und stärkende, ich möchte sagen, heilende Kraft genutzt, dann hätte ich unglaublich gelitten. Das hätte sich auf meine Mutter, meinen Bruder und meinen Neffen, auf meine Freunde und auch meine Ärzte, also mein gesamtes Umfeld übertragen.

Ja, wir haben alle einen enormen Einfluss. Der unmittelbarste und wichtigste ist der, den wir auf uns selbst haben.

Wir sind nicht Opfer unserer Gedanken und Gefühle, wir können sie ändern und auch nutzen.

Doch leider haben die meisten Menschen nicht gelernt, wie man mit schmerzlichen und anderen Gefühlen umgehen kann. So versuchen viele sich zu betäuben oder abzulenken.

Wie unbeschreiblich wertvoll ist da eine Philosophie, die einen dazu anhält, zu vertrauen und jedes Gift in Medizin zu verwandeln.

Nie war mir dieses Prinzip klarer als bei dieser Chemotherapie. Das Gift, das in meinen Körper floss, wirkte als Medizin.

Auch wurde mir noch einmal bewusst, dass ich keinen Herzschrittmacher mehr brauchte. Wenn man sich darauf eingestellt hatte, dass man ca. alle 15 Jahre eine neue Batterie für seinen HSM benötigen würde und auf einmal wieder ohne ihn leben kann, dann ist das einfach fantastisch.

Meine Mutter und ich machten wegen meines Herzschrittmachers immer einen Bogen um eine Hochspannungsleitung, die durch den Wald verlief. Es hätte das Gerät eventuell negativ beeinflussen können.

Doch gerade vor Kurzem haben wir ein kleines Freudentänzchen an dieser Stelle aufgeführt, da ich nun nicht mehr darauf achten muss, dass sich mein HSM verstellen könnte.

Gerade dieser Umstand, dass mein Herz gesundete, ist für mich ein weiterer Beweis dafür, wie wichtig es ist, an sich selbst zu arbeiten. Hätte ich nur gelitten und wäre dem Pfad des Leidens gefolgt, dann wäre alles ganz anders verlaufen. Ich hatte es ja erlebt, wie es Patientinnen ging, die sich in ihr Leid ergaben. Und ich war Zeugin davon geworden, wie wundervoll sich ein Mensch nach nur einem Dialog verändern konnte, wenn er dadurch ein paar gedankliche Werkzeuge erhielt, um die eigene Lebensfreude wiederzubeleben.

Kapitel 11

Buddhismus
Das Unmögliche möglich machen

Auch wenn ich schon viel über den Buddhismus Nichiren Dai-
shonins geschrieben habe, so möchte ich doch noch über ein paar
Dinge berichten. Egal woran wir glauben, wir können immer
Übereinstimmungen oder unterstützende Ansichten finden.

Die Welt ist außerordentlich bunt. Es gibt mehr Farben, als wir
Menschen mit unseren Augen wahrnehmen können. So bunt dürfen auch unsere Glaubensrichtungen und Kulturen sein. Wenn wir
es schaffen, dies als Bereicherung anzunehmen, dann haben wir
in jedem Fall gewonnen.

Magenta
fühlt sich für mich an wie:
Weisheit,
Wert,
Harmonie.

„WER SEINE TRÄUME AUFGIBT,
VERLETZT SEIN EIGENES HERZ
UND KANN AM ENDE UNMÖGLICH
EIN TIEFES GEFÜHL DER
ERFÜLLUNG GENIESSEN."

DAISAKU IKEDA (geb. 1928)

Frieden und ein wertschätzendes Miteinander sollten unser höchstes Gut sein. Das gilt für unseren eigenen Körper wie für den Rest der Welt und eigentlich für das gesamte Universum.

Ich war also 16 Jahre jung, als ich diese Form des Buddhismus kennenlernte. Meine Mutter begleitete mich zu einer buddhistischen Gästeversammlung. Es gab gerade viele Berichte über negative Sekten in den Medien. Per Definition ist eine Sekte eine kleinere Glaubensgemeinschaft, die sich von einer größeren Religionsgemeinschaft abgespalten hat. Doch die allermeisten wissen sicher, was sich in manchen Sekten so alles getan hat und noch immer tut. So war es verständlich, dass meine Mutter mich begleiten wollte.

Wir besuchten eine Gästeversammlung, die bei einer sehr netten Lehrerin stattfand. Ich weiß noch, dass auch die Tochter dieser Frau anwesend war. Alles, was meine Mutter damals hörte, klang für sie plausibel. Es kostete auch kein Geld, und es gab keinerlei Verpflichtungen, an Veranstaltungen teilzunehmen. So erlaubte sie mir weitere Besuche. Wir unterhielten uns regelmäßig über das, was ich da so lernte.

Mit 18 wollte ich dann auch den Gohonzon, die Schriftrolle, vor der wir chanten, empfangen. Diese wird einem auf Lebzeiten verliehen. Florian hatte mir ein Schränkchen, das man Butsudan nennt, gebaut. Es war eine kleine feierliche Zeremonie, den Gohonzon in das Schränkchen einzuschreinen. Ich chantete fast an jedem Morgen und Abend. Es war reichlich ungewohnt, das zu Hause zu tun. Ich erinnere mich, mit einem Schmunzeln im Gesicht, dass ich immer leiser wurde, sobald ich merkte, dass meine Mutter an meinem Zimmer vorbeiging. Irgendwie war es mir peinlich. Ich kam mir komisch vor, so dazusitzen und etwas in einer anderen Sprache zu murmeln. Doch so wie ich das Gongyo (Gebet) nach einiger Zeit auswendig konnte, so wurde ich auch selbstbewusster in meiner Ausübung.

Ich habe über die Jahre viele unglaubliche Erfahrungen machen dürfen. Und ich hörte oder las noch mehr fantastische Geschichten, die andere Mitglieder erlebt hatten. Eigentlich würde ich nach all diesen Geschehnissen von mir erwarten können, dass ich keinerlei Zweifel mehr hegte. Doch Fehlanzeige. Zweifeln scheint ein bisschen wie Gravitation zu sein. Doch selbst diese kann man immer wieder überwinden und nutzen. Letztlich lernen wir durch die Überwindung von Zweifeln und wachsen daran.

Nichiren Daishonin war ein Kind von Fischern. Er bekam im Alter von 12 Jahren mit, wie sehr die Menschen in seinem Land litten. Die Machthaber waren im Japan des 13. Jahrhunderts manipulativ und würden dadurch das Land und seine Bewohner mit ihrer Politik in große Gefahr bringen. Nichiren entschloss sich, der weiseste Mensch Japans zu werden. Er ging in ein Kloster und studierte die Sutren des Buddha. Er stieß auf das letzte Sutra des Shakyamuni Buddha, das Lotus Sutra. Der Titel dieser Schrift lautete: „Myoho Renge Kyo". Die Lehre vom Lotus. Das Mystische Gesetz von Ursache und Wirkung.

Er setzte dem das „Nam" voran. Es bedeutet Widmung, sich widmen.

„Nam Myoho Renge Kyo" könnte man also so übersetzen: „Ich widme mich dem mystischen Gesetz von Ursache und Wirkung."

Es war nicht so, dass Shakyamuni die 84.000 Sutras, die er verkündet hatte, auch alle selbst aufgeschrieben hätte. Sie wurden mündlich überliefert und erst viel später niedergeschrieben. Der Buddhismus fand seinen Weg von Indien über China nach Japan.

Und die Lehren von Nichiren Daishonin fanden dank des Engagements von Tsunesaburo Makiguchi ihren Weg in die ganze Welt. Er war Anfang des letzten Jahrhunderts Grundschullehrer und begann, diese Lehre zu praktizieren und sie zu verbreiten, weil er dasselbe Problem wie Nichiren erkannt hatte. Die Menschen wurden genötigt, in das System zu passen. Im Lotus Sutra fand er die Lösung, das Leid der Menschen in Freude zu wandeln und das Land zu befrieden. Als Pädagoge wollte er die Kinder als glückliche Individuen befähigen.

Später wurde Josei Toda Schüler im Glauben von Tsunesaburo Makiguchi. Er brachte gemeinsam mit seinem Schüler Daisaku Ikeda die Lehre zu vielen Menschen. Daisaku Ikeda setzt sich bis heute für den Frieden in der Welt ein. Er hat viele Bücher über diese Philosophie der „Menschlichen Revolution" geschrieben und engagiert sich unablässig für das Glück jedes einzelnen Menschen.

Es liegt eine Symbolkraft darin, dass es drei Meister gab, die auch Schüler waren. Wir alle sind Meister und Schüler zugleich. Daisaku Ikeda ist als dritter der letzte Präsident der Soka Gakkai International. Er übergab die Präsidentschaft an uns alle, die wir diesen Buddhismus praktizieren, als Symbol dafür, dass wir alle die Verantwortung für die Verwirklichung des Weltfriedens tragen.

„ES HAT NIE
EINEN BUDDHA
GEGEBEN,
DER NICHT
AUF SCHWIERIGKEITEN
GETROFFEN IST,
UND
ES WIRD AUCH NIE
EINEN GEBEN.

NUR INDEM WIR
GEGEN SCHWIERIGKEITEN KÄMPFEN,
KÖNNEN WIR
DEN LEBENSZUSTAND
DER BUDDHASCHAFT
ERLANGEN.

DARIN LIEGT
DAS WESEN DES BUDDHISMUS."

DAISAKU IKEDA

SGI-Depesche Nr. 136 vom 23.01.2006

Das Wort Kampf war für mich jahrelang schwer zu ertragen. Irgendwo in mir lebte die Illusion, dass es vielleicht doch ein Leben ohne Schwierigkeiten geben könnte, auch wenn ich selbst schon so viele Herausforderungen erfahren hatte. Vielleicht war ich auch einfach nur müde davon.

Es kann doch nicht sein, dass das ganze Leben ein einziger Kampf sein wird!?

Eines Tages sah ich bei einer Veranstaltung zwei Männer, die gerade Capoeira, einen brasilianischen Kampftanz, aufführten. Das gab mir die Idee, dass man ja den Kämpfen im Leben auch eine andere Qualität geben könnte, ... als würde man tanzen.

Es steht geschrieben, dass die Boddhisattvas tanzend aus der Erde hervorspringen, um das Mystische Gesetz unter den Menschen zu verbreiten.

Der erste Präsident Tsunesaburo Makiguchi sagte über den buddhistischen Glauben: „Religion kann man nur durch Erfahrung verstehen", und: „Um Schwimmen zu lernen, musst du ins Wasser springen. Du kannst nicht schwimmen lernen, wenn du auf dem Boden deines Zimmers herumpaddelst, egal wie lange du so übst. Du musst den Mut haben, es tatsächlich auszuprobieren."[23]

Tanzend den Mut aufbringen, Mut zu leben. Mut bedeutet nicht die Abwesenheit von Angst. Gäbe es keine Angst, dann gäbe es wohl auch keinen Mut. Hat man viel Angst, dann kann man auch viel Mut daraus hervorbringen.

Der französische Philosoph Alain sagte: „Ängstlichkeit ist ein großes Hindernis und oftmals das einzige Hindernis."[24]

Es braucht Mut, die Behandlungen einer Krebstherapie zu durchlaufen. Es braucht Mut zu vertrauen und, so wie ich es erlebte, braucht es auch Mut zu träumen. Wichtig ist nicht zu überlegen, ob es denn realistisch sei. Man sollte sich erlauben, einfach z.B. davon zu träumen, dass man gesund mit seinem Herzensmenschen durch die Brandung tanzt oder sich auf dem Golfplatz voller Freude in den Armen liegt oder auf einem Boot einen Wal im Meer entdeckt.

Ich befand mich manches Mal in einer Sackgasse und schaffte es einfach nicht, schöne Bilder in mir aufkommen zu lassen. Doch ich übte mich darin.

Wenn wir uns mit dem Rücken an der Wand befinden, dann können wir uns von dieser Wand abstoßen.

Das mögen alles nur Sprüche sein, doch in Momenten großer Herausforderungen können eben solche Sätze einem den Anstoß geben, eine andere Richtung einzuschlagen.

Ich wiederhole mich, Hon nin myo bedeutet: „Das, was im jetzigen Herzen inszeniert wird. Von jetzt an." Jeder Moment ist ein Neubeginn.

Das ist die Kraft, die sich durch das Universum zieht und uns allen innewohnt. Daher ist auch die Kraft, wieder zu gesunden, in uns vorhanden. Egal welche Diagnose wir erhalten haben.

Eine Diagnose ist auch Teil einer kosmischen Schöpfung, weil der, der sie ausspricht, ein Teil der Schöpfung ist. Du und ich sind auch ein Teil der Schöpfung. Warum sich dann einem Urteil ergeben, wenn wir doch „aus dem Vollen schöpfen" können. Alles, was wir uns vorstellen können, ist auf eine Art auch möglich.

Die Frage ist eher, ob wir eine Vorstellung erschaffen können und dieser dann vertrauen.

Ich brauchte immer wieder frischen Mut für einen Neubeginn, um weiter zu trainieren und die Zweifel beiseite zu schieben. Ganz egal, wie oft ich es nicht geschafft hatte.

Dieses „von jetzt an", bedeutet auch, dass man seine Vergangenheit immer wieder loslässt.

„Es gibt eine Zeit im Leben, in der Sie die Fesseln der Vergangenheit abschütteln und aufstehen müssen wie neugeboren. Diese Zeit ist jetzt!"[25]

„VORAUSGREIFEN

UNSERE WÜNSCHE
SIND VORGEFÜHLE DER FÄHIGKEITEN,
DIE IN UNS LIEGEN,
VORBOTEN DESJENIGEN,
WAS WIR ZU LEISTEN IMSTANDE SEIN WERDEN.

WAS WIR KÖNNEN UND MÖCHTEN,
STELLT SICH UNSERER EINBILDUNGSKRAFT
AUßER UNS UND
IN DER ZUKUNFT DAR;
WIR FÜHLEN EINE SEHNSUCHT NACH DEM,
WAS WIR SCHON IM STILLEN BESITZEN.

SO VERWANDELT
EIN LEIDENSCHAFTLICHES VORAUSGREIFEN
DAS WAHRHAFT MÖGLICHE
IN EIN
ERTRÄUMTES WIRKLICHES."

JOHANN WOLFGANG VON GOETHE (1749-1832)
aus: „Dichtung und Wahrheit", 2. Teil, 9. Buch

Dr. Carl O. Simonton wusste um diese Kraft und machte die Erfahrung mit vielen Patienten, wie überaus wirksam die Visualisation und der Glaube sein können.

Ich glaube, dass die Genesungsphase ein riesig großes Trainingsfeld für das Abschütteln der Fesseln der Vergangenheit war. Unsere Zweifel basieren ja nur auf vorangegangenen Erlebnissen. Fest entschlossen wollte ich neue Erlebnisse schaffen und das, was mich gefühlt immer noch so kurz unter der Wasseroberfläche hielt, besiegen.

Ich wollte mich endlich obenauf im Leben fühlen, denn dieses Gefühl ist wundervoll. Es ist noch neu für mich, dieses pulsierende Lebensgefühl so intensiv zu spüren. Sicher wird es mir hier und da einmal entgleiten, doch das ist o.k.: Ich weiß jetzt, wo es in mir steckt und was ich tun muss, damit es wieder zum Vorschein kommt.

Das ist mit Myoho gemeint: Wiederbeleben! Ich habe die große Leidenschaft und Freude in meinem Leben wiederbelebt, und das tue ich immer wieder. Ich fühle mich gesund! So wie ich es Guido am 1. April 2018 versprochen hatte: „Ich werde gesünder denn je!"

Wenn ein Ziel ganz klar ist und man mit unerschütterlicher Entschlossenheit und ohne Zweifel chantet, dann wird sich alles in die erwünschte Richtung bewegen. Nicht nur im eigenen Körper, auch im Umfeld. Man wird die richtigen Ärzte treffen, die besten Behandlungen erfahren, es werden sich Umstände ergeben, die zum Erwünschten führen. Auch vermeintliche Umwege können manchmal direkt zum Ziel führen.

Mit der Sichtweise, dass wir selbst die größten Schwierigkeiten in wahres Glück wandeln können, haben wir sogar die Möglichkeit, den schweren Zeiten mit Wertschätzung gegenüberzutreten.

„Sie ist schwer zu erlernen, denn unsere Gesellschaft lehrt uns immer zwischen Gut und Böse, Richtig und Falsch zu unterscheiden. Wir sind „programmiert“, an Gut und Schlecht zu glauben. Wenn wir die Dinge bekommen, die wir wollen, sind wir glücklich, und wenn wir nicht bekommen, was wir wollen, dann stehen wir dem Leben missgünstig gegenüber. (…) Wir haben alle Fehler und glauben, dass das die Ursache unseres Leidens ist. Wir versteifen uns auf diesen Glauben, sodass wir einen Grund haben zu versagen. Wir brauchen immer eine Begründung für unser Versagen, und so wiederholt sich die Negativität immer wieder und wird stärker. Unsere Buddhaschaft existiert auch in unserer Fehlerhaftigkeit. Wenn wir unsere Buddhanatur manifestieren und unser Leben wertschätzen, wird unsere Fehlerhaftigkeit unser größter Nutzen werden. Nam Myoho Renge Kyo kann alles umwandeln.“[26]

Wir alle sind Nam Myoho Renge Kyo, und das ist nicht außerhalb von uns zu suchen.

Sonada führt noch weiter zur Wertschätzung an: „Wertschätzen heißt nicht, die Umstände zu akzeptieren. Noch einmal, es geht nicht um etwas „außerhalb“ Ihrer selbst. Wertschätzung hat drei Qualitäten:

1. Egal was passiert, Sie verraten weder ihre Träume, ihre Ziele, noch sich selbst.

2. Egal was passiert, sie fällen kein Urteil über sich selbst.

3. Egal in welcher Situation Sie sich befinden, Sie müssen diese verändern. Es ist nicht akzeptabel, dass Sie sich in einer Lage befinden, die Sie deprimiert.

Das muss ihre grundlegende Haltung sein."

Des Öfteren saß ich da und mir kamen viele „Bla Bla Bla"-Gedanken. Ich könnte viele Dinge anführen, die ich an mir wertschätze. Doch es scheint mir sehr viel wichtiger zu sein, dass man in das Gefühl von Wertschätzung eintaucht. Da reicht auch ein einziger Punkt, den man an sich mag, sei es physisch oder eine Charaktereigenschaft.

Wenn wir die Faszination für unser Leben und Sein verlieren, dann werden wir alt. Alt sein hat für mich nichts mit der bloßen Zahl an den schon gelebten Jahren zu tun. Vielmehr ist es eine Geisteshaltung. Ich habe junge Menschen erlebt, die vom Geiste her uralt und resigniert schienen. Und ich habe über 90jährige gesprochen, die voller Lebenskraft und Neugier waren.

Tsunesaburo Makiguchi sagte einmal im hohen Alter: „Wir, die Jugendabteilung...!" Er stellte klar, dass es ihm um den jugendlichen Geist ging und den Spirit für das Neue und Wahre, diese Kraft für Veränderung, so wie die Kraft des Frühlings.

Unser Herz schlägt 24 Stunden am Tag. Ohne Pause. Wie ein immerwährender Frühling. Wenn unser Gemüt in einen tiefen Winter geht, dann bekommt auch unser Herz Probleme. Ich habe mein Herz trotz kardiotoxischer Chemotherapie geheilt, oder vielleicht habe ich es gerade mit diesem Gift heilen können. So wirkte auch das Gift der Angst letzten Endes wie Medizin, als ich es durch viel Chanten in Mut verwandelte.

Ich bin fest davon überzeugt, dass diese Impulse direkten Einfluss auf meine Zellen hatten und haben.

Ich spüre klar, dass die Vibrationen, die beim Chanten in meinem Körper entstehen, heilsam sind.

Eine wunderbare Erfahrung habe ich auch mit Klangwellen gemacht. Vor ein paar Monaten bin ich im Schlosspark gestürzt und mit dem Fuß umgeknickt. Mein Orthopäde verschrieb mir Gehhilfen und legte einen festen Verband an. Der äußere Fuß färbte sich in Regenbogenmanier und war geschwollen. Mein Doktor meinte, dass es längere Zeit brauchen würde, bis ich wieder gehen könnte.

Ich fragte mich, was diese Erfahrung jetzt für mich bedeutete?! Ich wollte doch täglich spazieren gehen. Beim Abendgongyo[27] kam mir der Gedanke, dass ich meinen Fuß doch über die große Klangschale halten könnte. Ich brachte die Schale zum Schwingen und hielt ihn darüber. Am nächsten Tag war die Schwellung deutlich geringer, und so wiederholte ich diese Schallwellentherapie. Drei Tage später konnte ich ohne große Probleme auftreten. Das Hämatom war auch schon kleiner geworden. Am fünften Tag ging ich wieder spazieren, als sei nichts gewesen.

Ich ging zu meinem Orthopäden. Er fragte mich, was ich für ein Wundermittel genommen hätte. Tsja, it don't mean a thing, if it ain't got that swing.

Das gilt wohl nicht nur für die Musik. Wenn unsere Zellen richtig schwingen, dann geht es ihnen gut.

Wenn wir uns mal die kleinsten Teilchen der Materie anschauen, die wir bis jetzt entdeckt haben, dann stellen wir fest, dass sie alle schwingen. Ein Tisch ist nur ein Haufen schwingender Moleküle.

Dr. Masaru Emoto experimentierte mit gefrorenen Wasserkristallen. Er setzte das Wasser verschiedenen Begriffen aus. Sie wurden auf die Gläser geklebt, oder man sprach die Wörter zu der Flüssigkeit. Liebe, Harmonie, Frieden und andere positive Wörter führten zu wundervollen Kristallen. Negative Wörter wie Hass und Ärger deformierten die Wasserkristalle.

Es ist bekannt, dass uns Stress und Ärger auf den Magen schlagen können. Die Galle kann uns überlaufen. Viele andere solcher Aussagen zeigen auf, wie wichtig es ist, uns mit allem Erlebten in Harmonie zu begeben.

Daisaku Ikeda schreibt in seinem Buch „Neue Menschliche Revolution":

„Die Dinge verlaufen nicht immer nach Plan. Das Leben ist vielmehr eine Aneinanderreihung von unerwarteten Entwicklungen. Es ist wichtig, durch solche Veränderungen nicht entmutigt zu werden. Stattdessen sollten wir unsere Weisheit nutzen, um das bestmögliche Ergebnis zu erzielen. Solch eine Flexibilität und Anpassungsfähigkeit ist ein Zeichen von wahrer menschlicher Stärke."[28]

Ich fühlte mich oft überhaupt nicht weise. Der alleinige Umstand, dass ich mich dann vor den Gohonzon setzte und chantete, offenbarte meine ursprüngliche Weisheit.

Wir können nicht immer alles wissen, doch wir können uns mit einem größeren Wissen in Einklang bringen und so in eine gute Schwingung kommen und uns wieder in Harmonie mit unserer schöpferischen Energie begeben.

Was ist für mich diese Buddhanatur? Es ist unser Sein in vollkommener Übereinstimmung mit der Harmonie des Universums. O.k., das klingt jetzt echt esoterisch. Ich meine, sich wohlfühlen und das bloße Glück darüber zu empfinden, dass man am Leben ist.

Josei Toda beschrieb diesen Zustand einmal so: „Stellen Sie sich vor, sie lägen mit weit ausgestreckten Armen auf dem Boden und schauen in den Himmel. Alles, was Sie sich wünschen, erscheint sofort vor ihren Augen. Was immer Sie sich ausdenken, es ist immer noch mehr da."

Ich möchte hier gerne noch einmal meine Dankbarkeit den vielen Mitgliedern der SGI gegenüber bekunden. Es haben so viele Menschen für meine Genesung und für mein Glück gechantet. Das konnten sie nur, weil sich viele Generationen von Menschen dafür eingesetzt haben, diese Philosophie weiterzugeben. Sie haben sich selbst herausgefordert, ihre persönliche menschliche Revolution zu machen, und das mit fortwährender Unterstützung für andere und dem Motto, Freude zu geben und Leid zu nehmen. Dies bedeutet Glück für sie und ihr Umfeld.

Ich bin auch dankbar für die unzähligen Gespräche mit vielen Menschen, die einen anderen Glauben praktizieren.

Ein besonderes Gespräch bleibt mir immer in Erinnerung. Es war die Zeit der Aufstände in Ägypten. Ich arbeitete in Hurghada in einer Behindertenschule mit Kindern. Dort lernte ich den Inhaber eines Fachgeschäftes für Malereibedarf kennen. Wir wollten das Spielzimmer der Schule farblich gestalten, und er spendete uns dafür die Farben. Als sich nun die Aufstände in Ägypten zuspitzten, wurde er Zeuge, wie sein Angestellter vor seinen Augen erschossen wurde. Dieser war ein langjähriger Mitarbeiter und Vater zweier kleiner Kinder. Der Inhaber war außer sich vor Wut und voller Hass. Wir sprachen über Messenger, und ich versuchte, ihn von seinem Vorhaben, auf die Straße zu gehen und auch jemanden zu erschießen, abzubringen. Es schien mir, als würde er sich, um den Schmerz nicht fühlen zu müssen, auch am liebsten erschießen lassen. Er war auch Vater zweier Kinder, und ich spürte seinen unfassbaren Schmerz.

Menschen, die gerade noch zusammen gefeiert und gearbeitet hatten, wurden zu Feinden und griffen zu den Waffen.

Ich sprach mit ihm über den Koran und die Ansichten von Mohammed. Ich sagte ihm, dass ich seinen Schmerz nachempfinden könnte. Doch es sei das allerwichtigste, dass wir den Frieden fest im Blick behalten. Wir dürften uns nicht von dem Ziel, wieder friedlich zusammen leben zu können, abbringen lassen. Es wäre einfach, auf die Straße zu gehen und sich erschießen zu lassen. Es ist sicher viel schwieriger, das alles auszuhalten und sich für den Frieden zu engagieren. Ich fragte ihn, was im Koran über Konflikte und den Weg zum Frieden stehen würde. Unerschütterlicher Glaube und Vertrauen waren zwei wertvolle Eigenschaften, die wir in unserem Dialog fanden. Wir sprachen eine ganze Weile.

Zum Schluss sagte er, dass er sich von ganzem Herzen bei mir bedanken möchte. Er sagte: „Du, als Buddhistin, hast mir Allah nähergebracht, als irgendjemand anderes." Ich bat ihn, seine kostbare Lebenskraft bitte für das Glück der Familie des Mitarbeiters und seiner eigenen Familie einzusetzen.

Kapitel 12

Kreativität
Liste an Dingen, die mich unterstützen

Als ich ein Kind war, lebten wir in einem wundervollen Jugendstil-
haus in der Goethestraße. Wir bewohnten eine Ladenwohnung
mit zwei großen Ausstellungsräumen. Der vordere Raum hatte
eine große Fensterscheibe zur Straße. Unsere Wohnung ging von
dem hinteren Raum ab. Ein ca. 20 Meter langer Flur, von dem einzelne Zimmer abgingen, führte zu einer großen Küche. Eine tolle
Galeriewohnung. Meine Eltern hatten mir ein Klavier geschenkt
und es in den Raum, der zur Straße ging, gestellt. Ich spielte im
Sommer gerne bei offener Tür, so dass ein leichter Windzug für
etwas Frische sorgen konnte. Ich versank dabei so tief in meine
Musik, dass ich mich gar nicht mehr an diesem Ort wähnte. Ab
und zu kamen Menschen vorbei und lauschten für einige Zeit meinen Kompositionen. Ich bedankte mich zwar für ihren Applaus,
aber im Grunde meines Herzens wäre es mir lieber gewesen,
wenn sie nicht geklatscht hätten. Es riss mich meist unsanft aus
meiner Welt.

Heute geht es mir immer noch so, wenn ich auf der Bühne ein
langsames Lied singe und am Ende die Dankbarkeit oder das
Wohlgefallen der Zuhörer in lautem Applaus endet. Ich würde
dann am liebsten den Menschen zurufen: „Pssssst. Lasst es uns
noch einen Moment genießen."

Ein leises Hmmmmmm wäre mir viel lieber und reichte auch vollkommen aus.

Ich habe zwar schon in der Schule bei Schulaufführungen mitgewirkt und gesungen, doch zog es mich nicht zwangsläufig auf die Bühne. Als Kind wollte ich Tierärztin werden.

Später tanzte ich gerne und war überglücklich, Milton's Tanzstudio gefunden zu haben. Ich hatte keine Absicht, auf eine Bühne zu gehen oder mit dem Tanzen Geld zu verdienen. Ich wollte einfach nur tanzen und lernen, wie ich mich bewegen musste, um noch schönere Choreografien einzustudieren.

Nach einiger Zeit nahm mich der Entertainer und Tanzlehrer Martin Moss unter seine Fittiche. Ich wurde seine rechte Hand für viele Veranstaltungen. Wir stellten einmal ein Potpourri aus verschiedenen Musicals zusammen und nannten es „Musical Highlights". Jedes Mal, wenn eine Rolle noch nicht besetzt war, wurde ich gebeten, diese zu lernen. Zudem hatte ich auch noch mein eigenes Solo. Wir spielten Auszüge aus der Rocky Horror Picture Show, Little Shop of Horrors, West Side Story, A Chorus Line und weiteren Musicals. Ich war bei so vielen Szenen eingesetzt, dass mir meine Mutter hinter der Bühne helfen musste, schnell die Kostüme zu wechseln. Wir hatten alle jede Menge Spaß bei dieser erfolgreichen Aufführung im BKA, einer Kultureinrichtung in Berlin-Kreuzberg.

Ich hatte dennoch nicht den Wunsch, daraus einen Beruf zu machen. Ich begann gerade mit einer Ausbildung zur Zahnarzthelferin. Dabei verdiente ich gerade genug, um mir die vielen Tanzstunden leisten zu können. Es kam die Zeit, dass Martin selbst als Sänger und Entertainer durchstartete. So verdiente ich auch immer mehr Geld als Backgroundsängerin auf der Bühne. Ich unterstützte ihn beim Managen der vielen Veranstaltungen, tanzte und modelte.

Eines Tages rief mich Meret Becker an. Wir hatten uns in Milton's Tanzstudio kennengelernt. Sie fragte mich, ob ich ihre Rolle bei den „Berliner Komödianten" übernehmen könnte. Ich glaube, sie wollte nach England.

Ich schnallte mir meine Rollerskates unter und fuhr zum Casting ins Theater. Ich hatte zwei Lieder vorbereitet und den Text von „Ich bin von Kopf bis Fuß auf Liebe eingestellt" etwas umgearbeitet und Liebe gegen Vanilleeis ausgetauscht.

Dieses Lied hatte dann wohl auch überzeugt. Als ich im Anschluss an das Vorsingen an dem Café vorbeirollte, wo der Intendant und die Regisseurin saßen, riefen sie mich zu sich heran und sagten, dass ich nun bald nicht mehr in meiner Freizeit Rollschuhfahren dürfte. Oh? Warum das? Weil in meinem Vertrag eine Klausel sei, in der mir alle Aktivitäten untersagt würden, die dazu führen könnten, dass ich mich verletzte. Dadurch könnten Aufführungen gefährdet werden. Sie hatten sich also für mich entschieden!

Ich freute mich natürlich sehr und rollte fröhlich nach Hause.

Es war eine schöne Zeit mit einem tollen Ensemble.

So entwickelte sich meine Karriere immer weiter, doch dann gab es einen tragischen Einschnitt. Der zu frühe Tod eines geliebten Menschen warf mich total aus der Bahn. Ich wollte nicht mehr auf die Bühne. Doch es lag ja so viel Kraft in meinen kreativen Fähigkeiten. Diese wollte ich nur noch hinter der Bühne einsetzen.

Auf Anregung von Kyle versuchten wir Freude und Abwechslung zu krebskranken Kindern in die Kliniken zu bringen. Unsere Musicalaufführungen konnten die Kinder, zumindest für kurze Zeit, von ihren Schmerzen und ihrem Leid ablenken. Darüber hinaus brachte es uns selbst sehr viel Freude.

So sammelten sich immer mehr kreative Menschen um mich. Zuerst, um gemeinsam für Kinder schöne Dinge zu veranstalten und später auch für Erwachsene im Krankenhaus oder Hospiz zu singen. Dort brauchten wir natürlich ein anderes Repertoire. Wir gründeten eine A-cappella-Gruppe. Es bot sich an, mit unserem Gesang auch Geld zu verdienen. Wir hatten eine hohe Qualität erreicht und gaben schöne Konzerte. Einmal sangen wir bei einem Konzert „Stairway to Heaven" a cappella. Sieben Minuten lang war unsere Version von diesem Titel. Die Leute flippten aus. Zwei Hotelmanager aus Ägypten, die gerade zur Tourismusbörse in Berlin waren, engagierten uns für ihre Hotels in Soma Bay. So verbrachte ich des Öfteren mehrere Wochen in dem Land der Pyramiden.

Mein Lebensweg ist in sich schon sehr kreativ und bunt.

**Bunt
bedeutet für mich:
Leben,
Freude,
Vielfalt.**

„FANTASIE
IST WICHTIGER
ALS WISSEN,
DENN WISSEN
IST BEGRENZT."

„KREATIVITÄT
IST
DIE INTELLIGENZ, DIE
SPASS HAT."

ALBERT EINSTEIN (1879-1955)

„Ihr werdet Stürmen und heftigem Regen begegnen
und zu Zeiten Niederlagen erleiden.

Die Essenz des kreativen Lebens ist aber,
im Angesicht der Niederlage nicht aufzugeben,
sondern dem Regenbogen zu folgen,
der in euren Herzen existiert.
Kreativität bedeutet, die schwere, knarrende
Tür zum Leben aufzustoßen.
Das ist kein leichter Kampf.
Die Tür zu Deinem eigenen Leben ist letzten Endes
schwieriger zu öffnen als die Tür zu den
Mysterien des Universums.
Gleichzeitig macht gerade dies das Leben lebenswert.
Menschsein bedeutet nicht nur, dass man
aufrecht steht und Intelligenz oder Wissen zeigt.
Der Kampf, ein neues Leben zu erschaffen,
ist wirklich etwas Wunderbares.
Darin wirst Du zum ersten Mal eine Weisheit bilden,
die Deine Intelligenz zum Strahlen bringt.
Ich selbst betrachte dieses kreative Leben als
eine menschliche Revolution.
Diese menschliche Revolution ist jetzt Eure Aufgabe,
und sie wird es Euer ganzes Leben hindurch sein.“

DAISAKU IKEDA

Wenn ich kreativ bin, dann geht es mir in der Tat gut. Nicht, dass ich bei meiner kreativen Arbeit immer gesund gewesen wäre. Es ging mir einmal zuerst sogar richtig schlecht. Eines Abends in Soma Bay wollte ich eigentlich mit einem ägyptischen Sänger zusammen auf der Bühne stehen. Doch gerade in dem Moment, in dem ich die Türklinke berührte, um fertig gestylt auf die Bühne zu gehen, musste ich einen sehr schnellen Abstecher zur Toilette machen. Es war heftig, und ich konnte das Örtchen vorerst nicht verlassen. Das kann in südlichen Regionen schon einmal vorkommen. So konnte ich leider an diesem Abend nicht mehr auftreten.

Am nächsten Morgen kam eine Freundin mit ihrer Tochter vorbei und brachte mir Bananen. Ich sagte ihr, dass ich traurig sei, einen Tag im Bett verschwenden zu müssen. Draußen wartete doch der strahlend blaue Himmel und das wundervolle Meer und der Strand und und und… Doch meine Freundin schlug vor, dass ich doch einfach meinen Laptop mit aufs Bett nehmen sollte und an meinem Musical „Aponi" schreiben könnte.

Von acht Uhr früh bis acht Uhr am Abend schrieb ich nonstop an der Geschichte und stellte sie an nur einem Tag fertig.

Gift in Medizin verwandelt… Noch heute bin ich dankbar für die Anregung meiner Freundin. Ich war komplett von dem Gefühl des Unwohlseins abgelenkt. Durch den Zustand der körperlichen Erschöpfung hatte mein Verstand und innere Kritikerin Urlaub, und die Kreativität konnte frei fließen.

Das Tolle ist, dass das Ergebnis dieser Schaffenskraft nun zu vielen anderen Menschen fließt. Das Musical hat schon viele Kinder und auch Erwachsene begeistert.

An diesem besonderen Tag im Bett brauchte ich nicht nach Worten zu suchen. Ich hatte noch nicht einmal das Gefühl, dass ich mir etwas ausdenken musste. Es war, als würde ich mich an die Geschichte erinnern. Doch diese Erzählung gab es bis dahin noch nicht.

Je mehr ich schrieb, desto größer wurde meine Freude. Oh ja, Albert Einstein, ich kann Ihren Ausspruch: „Kreativität ist die Intelligenz, die Spaß hat!", nur bestätigen. Daher kann ich alle Menschen nur ermutigen, kreativ tätig zu sein, und sei es einfach in Gedanken oder Tagträumen.

Da ist etwas dran, denn viele Menschen werden denken, dass sie keine Zeit oder keine Fähigkeiten dafür besäßen, kreativ tätig zu sein.

Kreativität ist aber in den alltäglichsten Augenblicken zu finden. Man kann sie schon darin erblühen lassen, dass man einen Smiley in seinen Kaffeeschaum zeichnet.

Das Geschenk der Kreativität ist Freude. Man sollte sich einfach inspirieren lassen und in Aktion treten.

Wenn ich Klavier spiele, ist auch das eine Art, wie ich meditiere. So tief, wie ich da eintauche und sich mein Gedankenfluss mit Leichtigkeit der hohen Konzentration ergibt, gehe ich davon aus.

Doch auch, wenn ich meine Koffer für die Reha packte, nutzte ich kreative Energie, um mir kleine Momente der Freude einzupacken, sei es ein leckerer Tee oder ein schönes Buch. Sich um sich selbst zu kümmern, sich selbst zu beschenken und jeden Augenblick zu „versüßen", wirkt wie eine gute Medizin und ist in sich schon Heilung.

Kreativität ist in allen Bereichen des Lebens zu finden und von Nöten. Egal in welchem Bereich, immer wieder werden kreative Lösungen eine Veränderung bringen.

Unser Verstand sendet gerne mal einen negativen Pool an Gedanken. Es bedarf eines kreativen Impulses, um ihn zu überlisten.

Gerade im Bereich des Glaubens ist Fantasie gefragt. Als es mir so richtig schlecht ging, war es schwer, mir vorzustellen, dass es mir auf einmal bessergehen könnte. Ich konnte meine Gedanken nicht so leicht in eine positivere Richtung drehen. Die Angst tobte in voller Manie. Doch ich versuchte, mich abzulenken und Wege zu finden, um mich besser zu fühlen und Hoffnung schöpfen zu können. Ich hörte mir positive Vorträge auf Youtube an und las ermutigende Texte. Doch wenn man so sehr zweifelt, dann scheint eine Verbesserung der Situation fast unmöglich.

In allen Religionen und Philosophien geht es um Glauben und folgendes: Glaube nicht als Wirkung, sondern als Ursache. Vertrauen auf das, was noch nicht ist. Vertrauen, dass es sein wird.

Das ist die Aufgabe, die ich spürte, als ich die Diagnose Brustkrebs bekam.

Egal wie mein Weg aussehen würde, es wäre wichtig, mich immer wieder aus dem Leid und aus dem Zweifel heraus zu holen und dafür zu sorgen, dass ich da gar nicht erst reinplumpste. Diese Energie steigerte sich zunehmend.

Ich halte es für überaus wichtig, sich keine Gedanken darüber zu machen, warum man diese Erkrankung hat. In der Zeit der Heilung ist es ratsam, sich voll und ganz auf Gesundheit zu konzentrieren und nicht unbedingt auf Heilung, weil das dem Geist die Abwesenheit von Gesundheit suggerieren könnte.

Ich finde, es ist kein leichter Prozess, mir vorzustellen, dass es mir gut geht, wenn es das gerade nicht tut. Es war mir aber möglich, mir schöne Situationen in der Zukunft vorzustellen. Und dann fing ich an, mich in den Gefühlen zu baden. Auch stellte ich mir vor, wie wundervoll sich mein Körper anfühlen würde und dass ich wieder eine kräftige Muskulatur hätte.

Je mehr ich in diese Gefühle eintauchte, desto besser fühlte ich mich. Wenn mir das mal nicht gelang, dann versuchte ich, meine negativen Gedanken komplett zu überwinden. Man kann nicht denken, dass man an etwas nicht denken möchte, denn dann denkt man an das, an was man nicht denken möchte. Man kann nur an etwas Anderes denken, beziehungsweise sich auf etwas Anderes konzentrieren. Das habe ich schon erwähnt. Und ich schreibe es noch einmal, weil es eines der wichtigsten Dinge ist, die mir geholfen haben.

Ich habe oft erlebt, dass ich mich umso wohler fühlte, je mehr ich meine Buddhanatur zuließ.

Dann geschahen auch noch mehr Dinge, die mein Wohlbefinden weiter steigerten. Man findet den Parkplatz direkt vor der Tür, die Menschen grüßen freundlich, ein Brief enthält die frohe Botschaft einer Rückzahlung oder, oder, oder… Das geht natürlich auch in die andere Richtung. Erst kommt eine Mahnung per Post, dann reißt die Einkaufstüte mit dem Himbeermarmeladenglas und man stolpert so blöd, dass man nicht weiß, ob man lachen oder weinen soll.

Die Himbeeren haben sich hier nochmal in die Einkaufstasche geschmuggelt, damit es ein weiteres Mal erwähnt sei, dass Tumore Himbeeren hassen. Ist das nicht eine leckere Medizin?! Ich habe mir immer vorgestellt, dass der Tumor den Zucker in der Marmelade mit großer Freude erwartet, die wundervollen Stoffe der Himbeere die Zellen dann aber heilen.

Ich widme ein ganzes Kapitel der Kreativität und Lebensfreude, weil sie so enorm zur Gesundheit beitragen. Egal welche Erkrankung wir durchmachen, jegliche Behandlung ist effektiver, wenn wir uns das erfolgreiche Behandlungsergebnis im Vorfeld vorstellen können. Ich möchte fast sagen vorfühlen können.

Dr. Patch Adams widmet sich mit sehr viel Kreativität und Liebe dem Glück der Menschen durch Freude und Spaß. „Humor hilft heilen!", sagt Dr. Eckhart von Hirschhausen. Ich erinnere mich gerade an eine sehr lustige Autofahrt mit den beiden. Patch und Eckhart waren beide mit dem „Blauen Herzen" geehrt worden. Diese wurden auf der „Brücke der Herzen" im Treptower Park in Berlin eingelassen. Ich fuhr beide zu der After Event Party. Eckhart sagte damals, dass Patch ihm ein Vorbild ist.

Humor ist in der Tat ein Lebensfunke, der wahre Wunder bewirken kann. Doch kenne ich auch die Momente, in denen mir so überhaupt nicht zum Lachen zumute war. Manchmal ist eine Umarmung, ein kurzer Schlaf oder das richtige Wort das Beste für den Moment.

So individuell wie unsere Gefühle und Umstände sind, so individuell sind auch die Wege, diese zu verändern.

„Was vor uns liegt und was hinter uns liegt, sind Kleinigkeiten im Vergleich, was in uns liegt. Und wenn wir das, was in uns liegt, nach außen in die Welt tragen, geschehen Wunder."[29]

Dieser Ausspruch ist so wahr. Wenn wir es schaffen, all das, was hinter uns liegt und was wir uns vorgenommen haben, loszulassen, erkennen wir das Wunder des Augenblicks. Und wenn wir darüber hinaus den jetzigen Augenblick mit Leichtigkeit betrachten, gewinnen wir wieder an Energie. Diese Energie mit unserem Herzen zu fühlen und mit unserer Lebensfreude zu verbinden, erzeugt Wunder. Nicht nur in unserem Körper, auch um uns herum.

Sicher könnte ich die Informationen dieses Buches auf ein paar wesentliche Punkte herunterbrechen, aber dann wäre es kein Buch. Vielleicht ein Gedicht oder eine Metapher, eine Ermutigung allemal. Doch das wäre schade, denn ich hätte meine Kreativität nicht tanzen lassen können.

Es ist auf jeden Fall ein ganz anderer Prozess, dieses Buch geschrieben zu haben, als ein Musical zu schreiben. In meinen Träumen verbanden sich die vielfältigen Ereignisse zu völlig neuen Geschichten. Nicht immer lustig, aber dennoch interessant. Es ist faszinierend, wie kreativ unser Verstand Erlebnisse verarbeitet.

Wir sollten uns nur immer wieder bewusstmachen, dass wir keine Opfer unserer Gedanken und Gefühle sein müssen. Wir können sie ändern.

Eine Erkrankung ist eine direkte Einladung des Körpers, eine Veränderung anzustreben.

Nicht unbedingt dazu, noch mehr zu tun, sondern meist eher weniger. Eine Aufforderung zu vertrauen und zuzulassen. Ich habe das Gefühl, dass dieser Punkt eine große Herausforderung für viele darstellt.

„Zulassen" oder auch „geschehen lassen", Buddhanatur zulassen, anstatt die alten, kleinen Monster und das kleine Ego im Kopf herumhüpfen zu lassen.

Dr. O. C. Simonton sagte: „Die inneren Glaubensüberzeugungen von Patienten sind sehr wichtig, weil sich gezeigt hat, dass sie einen großen Einfluss auf den Verlauf der Krankheit, auf die Nebenwirkungen der Therapie und auf die Effektivität der Behandlung haben. Wie Forschungsergebnisse belegen, sind therapeutische Wegbegleitung und Beratung wirksamere Werkzeuge als jede andere Behandlungsform, die gegenwärtig existiert." Und weiter: „Für mich ist die Krebserkrankung eine Botschaft, die dem Betroffenen mitteilt, mit all dem aufzuhören, was ihm Leiden bringt und ihn auffordert, vermehrt Dinge zu tun, die ihm Freude bereiten – Dinge, die im Einklang mit seiner Persönlichkeit sind und mit dem Leben, das er gerne führen möchte."[30]

Ich habe Gift in Medizin verwandelt: Ich lebe ohne Herzschrittmacher, meine Haut ist besser denn je, meine Schilddrüse hat keine Schatten mehr und ist nun auf beiden Seiten, wenn auch klein, aber gesund sichtbar. Mein Milz Chi ist wieder spürbar, mein Magen nimmt wieder Vitamin B12 auf, ich bin migränefrei, die chronische Sinusitis ist verschwunden – ich bin wahrhaft dankbar.

Völlig unerwartet sang sich am Valentinstag 2023 ein wundervoller Mann in mein Herz. Wir kannten uns schon seit Jahren, aber erst jetzt, Freitag vor Pfingsten, verbrachten wir einen wundervollen Tag als glückliches Paar in Paris. Roby Edwards kam für diesen einen Tag aus den USA, ich aus Berlin. Als Aponi sang ich mit Kindern an der deutsch-französischen Schule, und Roby spielte Saxophon. Ich habe die Tür zu meinem Leben aufgestoßen!

Liste an Dingen, die mich unterstützen:

Ich liste hier ein paar Tipps aus diesem Buch auf. Vielleicht magst du dich täglich von einer Idee inspirieren lassen. Ganz vorne an steht dein Glaube. Glaube an dich selbst. Glaube an dein Glück und dass sich alles wundervoll entwickeln kann. Erinnere dich, auch in der Hölle ist die Buddhaschaft zu finden. Auch aus der schlimmsten Zeit kann dein wahres Glück erblühen.

GLAUBE an deine vollständige Gesundheit.

NUTZE die Kraft der Farben.

ATME tief ein und noch tiefer aus.

SEI achtsam, was du dir anschaust und anhörst.

NIMM alles Schöne wahr.

MEIDE negative Energien und Gedanken.

FÜHRE auf Heilung gerichtete Gespräche über deine Krankheit.

VISUALISIERE dich gesund und glücklich.

BADE dich in der Vorstellung. Spüre hinein.

FOKUSSIERE eine sich wohlfühlende Körperstelle.

TRAINIERE dich im Wohlfühlen.

MEDITIERE ca. 15 Minuten täglich.

EMPFINDE Dankbarkeit, vielleicht für dein weiches Kopfkissen.

BLEIBE mit deiner Aufmerksamkeit bei dir.

LERNE wieder, auf dich zu hören.

ÖFFNE dich deinem Potential.

ERLAUBE deiner Kraft und Kreativität zu wirken.

NIMM dir Zeit für pure Lebensfreude.

FORMULIERE Wünsche.

TAUCHE in die Vorstellung der Erfüllung ein.

SUCHE dir Vorbilder.

SCHREIBE positive Affirmationen auf.

MACHE dir selbst Geschenke.

SORTIERE mal wieder aus.

SEI fröhlich mit dir selbst. Hab' Spaß.

SCHREIBE dir auf, warum du gesund werden willst.

GIB dem Ganzen deinen Sinn.

FÜHLE dich vielleicht wie in einem Trainingscamp.

HINTERFRAGE. Lerne, NEIN zu sagen.

STOPPE deine Selbstkritik. Ermutige dich stattdessen.

BESCHÄFTIGE dich mit deiner Ernährung.
Was tut dir gut?!
Was bekommt dir nicht?
Probiere vielleicht die japanische Suppe.

ISS Himbeeren und trinke Tee.
Hast du Migräne? Triggern dich Kaffee und Schokolade?

VITAMINE sind wichtig. Kontrolliere deinen Status.

SINGE ODER TANZE, wenn du Angst hast.

VERMEIDE Stress.

VERTRAUE.

WERTSCHÄTZE, was du alles erreicht hast.

Es geht um DICH!

DU bist ein Wunder.
DU bist einzigartig.

Wie schön, dass es dich gibt!

DANKE!

Autobiografie

Una Gonschorr, geboren am 11. November 1967 in Berlin, ist eine deutsche Sängerin, Schauspielerin, Musikerin, Komponistin, Autorin, Gründerin und Vorstand des Vereins „namu Art for Life Network e.V.".

Sie schreibt und komponiert Kinderbücher und -musicals („Aponis Weltreise", „Aponis Verwandlung", „Drachenmädchen") und diese Autobiografie.

Bei „Be Berlin" wurde sie als ehrenamtliche Berlinerin ausgezeichnet, weil sie als Schmetterling Aponi mit ihrem Team für krebskranke Kinder in Krankenhäusern und Hospizen mit weit über 400 Aufführungen unterwegs war und ist.

Una Gonschorr wurde 2015 ein Herzschrittmacher implantiert, und mit Beginn der weltweiten Pandemie erhielt sie 2020 die Diagnose Brustkrebs.

Ein Arzt des Deutschen Krebsforschungszentrums bat sie, über ihren Weg der Heilung ein Buch zu schreiben. Sie könnten den so wichtigen Punkt des Glaubens an Heilung nicht vermitteln.

Dieses Buch ist eine Ermutigung, das Unmögliche möglich zu machen.

Anmerkungen

---

[1] Nam-Myoho-Renge-Kyo ist Ausdruck der Essenz des Nichiren Buddhismus. Mit dem Chanten (Rezitieren) von Nam-Myoho-Renge-Kyo bekräftigen wir zwei grundlegende Überzeugungen:

Jeder Mensch besitzt von Natur aus die Fähigkeit,
1. die Probleme und Schwierigkeiten des Lebens zu überwinden und
2. jegliches Leiden in etwas Positives zu verwandeln und ihm einen Wert zu geben.

Nam

stammt aus dem Sanskrit „Namas" und bedeutet: ich widme mich.

Myoho

Myo steht für die mystische Natur des Lebens, den unsichtbaren Wesenskern allen Lebens.

Ho bedeutet Gesetz und steht für die wahrnehmbaren, sichtbaren Manifestationen des Lebens.

Myo bedeutet auch Tod, während Ho für das Leben steht.

Durch das Chanten erfahren wir die drei Wirkweisen von Myo: Wir öffnen unser Herz und unser Leben, erkennen, dass wir als Menschen vollkommen zum Glücklichsein ausgestattet sind und können unsere ursprüngliche Kraft wiederbeleben.

Renge

bedeutet Lotos-Blume. Ungeachtet des sumpfigen Grunds, in dem sie wächst, ist die Lotos-Blume wunderschön und duftend. Sie ist ein Bild für die Kraft der buddhistischen Ausübung: Inmitten der „schmutzigen" Realität unseres Alltags können wir die Schönheit und Würde unserer Menschlichkeit zum Vorschein bringen. Schwierigkeiten und Leiden dienen dabei als „Nährstoffe" für unsere Entwicklung als Mensch. Gleichzeitig verkörpert die Lotos-Blume das Prinzip der Gleichzeitigkeit von Ursache und Wirkung: Im Gegensatz zu anderen

Pflanzen bringt sie zu gleicher Zeit Blüte und Frucht hervor. Für uns bedeutet das: Wir müssen nicht darauf warten, in der Zukunft zu einem perfekten Menschen zu werden, sondern können hier und jetzt die Kraft des Mystischen Gesetzes aus unserem Leben hervorbringen und anwenden.

Kyo

bedeutet wörtlich Sutra, Lehre oder auch Stimme. Das Mystische Gesetz durchdringt alles Leben und das gesamte Universum. Genauso verbindet sich der Klang unserer Stimmen beim Chanten mit dem Rhythmus des Universums.

Nam-Myoho-Renge-Kyo zu chanten bedeutet, auf das Mystische Gesetz und die unbegrenzten Möglichkeiten des Lebens zu vertrauen. Nam-Myoho-Renge-Kyo ist weder eine mystische Anrufung, die übernatürliche Kraft hervorbringt, noch ist sie die Hinwendung an ein transzendentes Wesen, auf das wir uns verlassen. Es ist vielmehr Ausdruck unserer Überzeugung: Ausnahmslos jeder Mensch besitzt die Fähigkeit, sein Leben und seine Umgebung zum Positiven zu verändern.

Vgl. Homepage der Soka Gakkai in Deutschland,
Startseite - Soka Gakkai International - Deutschland | SGI-D

Die Soka Gakkai in Deutschland ist seit Frühjahr 2023 als erste buddhistische Schule eine staatlich anerkannte Religionsgemeinschaft und damit den großen christlichen Kirchen und einigen anderen Religionsgemeinschaften gleichgestellt.

[2] Der japanische Gelehrte Nichiren (1222-1282) war ein buddhistischer Mönch, auf dessen Lehren die Soka Gakkai basiert. Von der zentralen Bedeutung des Lotus-Sutra ausgehend, betonte er den Respekt vor der Würde des Lebens.

Er begründete die Ausübung des Chantens von Nam-Myoho-Renge-Kyo und befähigte damit ausnahmslos alle Menschen, die innere Kraft aus ihrem eigenen Leben hervorzubringen. Nichirens Lehren und das Chanten von Nam-Myoho-Renge-Kyo gehen auf Buddha Shakyamuni zurück, der den Buddhismus vor rund 2500 Jahren in Indien begründete.

Vgl. Homepage der Soka Gakkai in Deutschland,
Startseite - Soka Gakkai International - Deutschland | SGI-D

[3] Nam-Myoho-Renge-Kyo zu chanten bedeutet, auf das Mystische Gesetz und die unbegrenzten Möglichkeiten des Lebens zu vertrauen. Nam-Myoho-Renge-Kyo ist weder eine mystische Anrufung, die übernatürliche Kraft hervorbringt, noch ist sie die Hinwendung an ein transzendentes Wesen, auf das wir uns verlassen. Es ist vielmehr Ausdruck unserer Überzeugung: Ausnahmslos jeder Mensch besitzt die Fähigkeit, sein Leben und seine Umgebung zum Positiven zu verändern.

Das Chanten ermöglicht uns, die uns innewohnende Buddhanatur zu aktivieren und diese als Lebenszustand der Buddhaschaft auch nach außen hin sichtbar zu machen.

Vgl. Homepage der Soka Gakkai in Deutschland,
Startseite - Soka Gakkai International - Deutschland | SGI-D

[4] Unser gemeinnütziger Verein „namu Art for Life Network e.V." hat es sich zur Aufgabe gemacht, Kindern und Erwachsenen in Krankenhäusern und Hospizen Abwechslung und Freude zu schenken. Seit 2005 widmen wir uns mit inzwischen über 400 Aufführungen und mehr als 200 ehrenamtlichen Unterstützern diesem Ziel.

Vgl. Homepage des Vereins: www.namunetwork.org

[5] Die Buddha-Natur ist das höchste Potenzial, das uns allen innewohnt. Der Zweck der Lehre Buddhas liegt darin, unsere Buddha-Natur zu erkennen, vgl. www.buddhismus-schule.de

[6] Vgl. Homepage der Soka Gakkai in Deutschland, Startseite - Soka Gakkai International - Deutschland | SGI-D

[7] Vgl. Homepage des Vereins „namu Art for Life Network e.V.": www.namunetwork.org

[8] Etwa 500 Jahre nach Shakyamunis Tod entstand die buddhistische Mahayana-Bewegung, eine Art buddhistische Renaissance. Zahlreiche neue Sutras wurden in dieser Zeit zusammengestellt, darunter auch das Lotos-Sutra. Es gilt als eine der wichtigsten und einflussreichsten Schriften des Buddhismus.

Das Lotos-Sutra ist ein großes literarisches Werk in Form eines Dialoges zwischen Shakyamuni und seinen Schülern. Diese Gespräche verdeutlichen den Inhalt von Shakyamunis Erleuchtung – die Wahrheit des Lebens, zu der er erwacht war. Die Kernaussage lautet: Unabhängig von Geschlecht, Nationalität, sozialer Stellung oder intellektueller Fähigkeit trägt jeder Mensch in sich ein grenzenloses Potenzial, die sogenannte Buddhaschaft. Dieser höchste Seinszustand ist geprägt von Mitgefühl, Weisheit und Mut.

Die im Lotos-Sutra dargelegte Lehre ermutigt zu einer aktiven Auseinandersetzung mit dem Alltagsleben und seinen vielfältigen Herausforderungen. Die eigene Buddhaschaft zu öffnen bedeutet, grenzenlose innere Kraft und Weisheit zu schöpfen – Fähigkeiten, mit denen wir Schwierigkeiten in Glück transformieren und somit aus den Leiden und Widrigkeiten des Lebens einen Wert schaffen können.

Vgl. Homepage der Soka Gakkai in Deutschland, Startseite - Soka Gakkai International - Deutschland | SGI-D

[9] „Maria's Children" ist ein Wohltätigkeitsfond für Waisenkinder und Kinder mit Behinderungen, vgl. www.mariaschildren.ru

[10] Vgl. Homepage der Soka Gakkai in Deutschland

[11] Vgl. ders.: Maximen und Reflexionen. Aphorismen und Aufzeichnungen. Nach den Handschriften des Goethe- und Schiller-Archivs, hg. Von Max Hecker, 1907.

[12] Autor unbekannt. Quelle ist eventuell ein japanisches Mitglied der SGI-USA. Der letzte Absatz könnte auf Mark Twain zurückzuführen sein.

[13] GfBK Gesellschaft für Biologische Krebsabwehr e.V., www.biokrebs.de

[14] Der Gohonzon (japanisch: Objekt der Widmung) ist ein Schriftzeichen-Mandala, das den Ausübenden des Nichiren-Buddhismus dabei hilft, auf den Lebenszustand der Buddhaschaft in ihrem Leben zu vertrauen und ihn dadurch hervorzubringen. Der Gohonzon verkörpert die Wahrheit des Lebens, zu der Buddha Shakyamuni (500 v. Chr. in Indien) erleuchtet war. Shakyamuni offenbarte diese Wahrheit im Lotos-Sutra, das im Japanischen den Titel Myoho-Renge-Kyo trägt. Der buddhistische Gelehrte Nichiren stellte diese Wahrheit kalligraphisch in Form des Gohonzons dar, um allen Menschen zu ermöglichen, sie selbst zu erkennen. Vgl. Homepage der Soka Gakkai in Deutschland

[15] **Sōka Gakkai** (jap.創価学会, dt. „Werteschaffende Gesellschaft") wurde 1930 vom Pädagogen Tsunesaburo Makiguchi in Japan gegründet, von Josei Toda nach dessen Tod fortgeführt, der ebenfalls Pädagoge war, bevor als dritter Präsident 1960 Daisaku Ikeda die Leitung der Laienorganisation übernahm.

Basierend auf den Lehren des Nichiren Buddhismus und des Lotus-Sutra widmet sich die Soka Gakkai seit jeher den Themen Frieden, Kultur und Erziehung. Seit 1983 publiziert Ikeda jährlich einen Friedensvorschlag, er erhielt hierfür die Friedensmedaille der Vereinten Nationen.

[16] Vgl. ders.: Gedanken über die Religion und einige andere Gegenstände (Pensées sur la religion et sur quelques autres sujets), 1656-62. Erstdruck 1669/70

[17] Milton Irons gründete „Milton's Tanzstudio" in den 80ern in Berlin am Ku'damm. Es war ein erfolgreiches Studio, in dem die verschiedensten Tanzstile unterrichtet wurden. Jazz, Afro, Tapdance, Ballett und weitere.

[18] Vgl. Studientexte auf der Homepage der Soka Gakkai in Deutschland

[19] Frei nacherzählt nach der Geschichte „The Star Thrower" von Loren Corey Eiseley.

[20] Hunter Doherty „Patch" Adams, 1945 geboren, ist Arzt und Clown – und ebenso sozial aktiv: Er widmete 40 Jahre seines Lebens seiner Überzeugung, dass Lachen, Freude und Kreativität integrale Bestandteile von Heilungsprozessen sind. Er gründete 1972 mit Freunden das „Gesundheit! Institut", der Überzeugung folgend, dass individuelle Gesundheit untrennbar mit der Gesundheit der Familie und der Gesellschaft, sogar der Welt insgesamt, verbunden ist.

Frei übersetzt von der Homepage: www.patchadams.org

[21] Das Neruda-Zitat wurde im Hollywood Spielfilm „PATCH ADAMS" verwendet.

[22] www.gunda-hass.de

[23] Vgl. Daisaku Ikeda.: Neue Menschliche Revolution Bd. 21 (NL 7179)

[24] Vgl. Daisaku Ikeda: Tägliche Ermutigung, Rede vom 3. März (NL5069)

[25] Vgl. Daisaku Ikeda SGI-D Forum 246 Januar 2022

[26] Text eines Mitgliedes der SGI-D namens Sonada, übersetzt von Ulrike Johannson 11.03.2001

[27] Besonderheit der buddhistischen Ausübung in der Soka Gakkai ist ihr enger Bezug zum Alltagsleben. Es geht keineswegs darum, sich in sich selbst oder an einen abgeschiedenen Ort zurückzuziehen. Vielmehr praktiziert jedes Soka Gakkai-Mitglied inmitten der Herausforderungen des Alltags: jeden Morgen und jeden Abend bei sich zuhause oder im Rahmen buddhistischer Treffen. Diese grundlegende Ausübung wird Gongyo genannt. Sie besteht aus dem Chanten (Singen bzw. Rezitieren mit lauter Stimme) von Nam-Myoho-Renge-Kyo und dem Rezitieren zweier Abschnitte aus dem Lotos-Sutra. Das Ziel der Ausübung ist, die unserem Leben innewohnende Buddhanatur zu öffnen. Mut, Weisheit und Mitgefühl sind Eigenschaften dieses höchsten Lebenspotenzials. Damit wird es möglich, jegliche Herausforderung zu meistern, das eigene Leben kreativ zu gestalten und zum Glück anderer beizutragen.

[28] Vgl Daisaku Ikeda: „Neue Menschliche Revolution", Bd. 20 (NL7298)

[29] Zitiert nach: SGI-D Forum 246 S. 24

[30] Gesellschaft für Biologische Krebsabwehr-Info Blatt Dr. O. C. Simonton